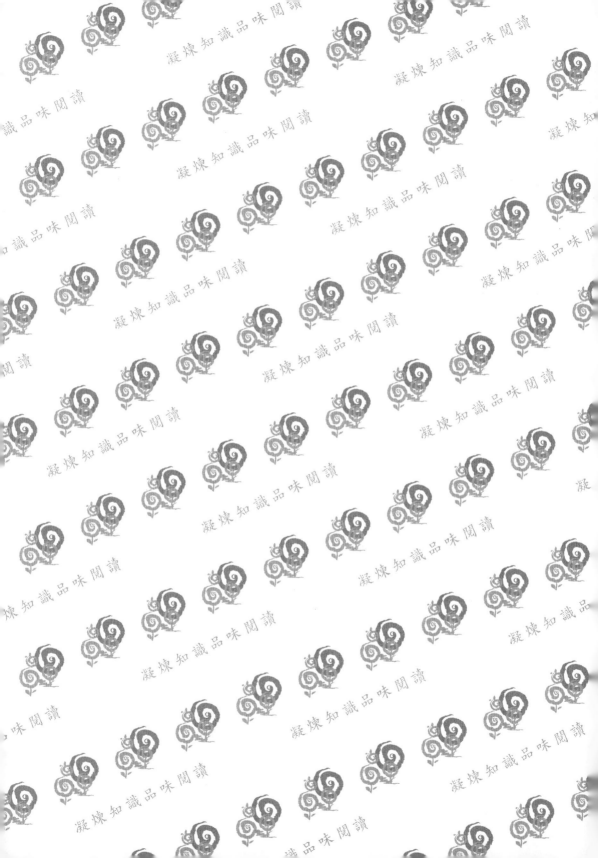

五南出版

Communication
Management

Communication Manager
mmunication Mana

溝通管理

陳澤義 著

自序

【出版動機】

某天下午，甲小姐帶著一隻貴賓狗，和乙小姐聊天。

乙：「妳家的狗狗好可愛，它叫啥？」

甲：「我叫了一碗牛肉麵啊！」

乙：「喂，不是啦！我是問妳家的狗叫啥？」

甲：「啥！妳不是已經講出她的名字！」

乙：「狗狗的名字啊！」

甲：「就狗狗啊！」

乙：「哦，所以叫狗狗的意思呀！」

這樣的對話是不是很熟悉！經常聽到！沒有錯，這是經常發生在我們周遭的對話，乙努力問甲的小狗的名字，結果卻是雞同鴨講，毫無所獲。原本溝通的目的是在於瞭解對方，而這裡卻是一再碰壁。因此，溝通並不是隨口說說，而是需要有效管理的。期能使對話雙方能夠在有限的時間內，致力瞭解對方的想法、看法、意圖與行動。因此，溝通管理可以提升溝通的效率與效能，是年輕人重要的動機核心職能，為職場管理者與領導者必備的工作能力。這是個人出版《溝通管理》一書的第一個動機。

再者，個人在國立台北大學、國立東華大學，以及銘傳大學任教於企業管理與國際企業系所，在二十二年的教學歲月中，特別感覺到越來越少有人願意多傾聽對方的說話。這當然是由於智慧型手機充斥，相關資訊

容易取得，加上年輕學子的自主意識抬頭，現代人都透過手機臉書轉傳訊息，以及個人上網打卡，或在登入臉書發表訊息等，呈現說話者眾多而聽話者寡少的現象。因此，溝通與人際關係管理的重點，即是需要提升年輕人傾聽對方說話的意願和能力，減少在對話時冒然打斷對方說話的情形發生，或是自顧滑手機和忙於其他事務，缺乏耐心傾聽對方說話的情事，藉以提升在態度上對說話者的基本尊重。此時，年輕人在溝通時，若能繼續改進傾聽技巧，透過主動傾聽和同理式傾聽來提升傾聽效率，使對方覺得被尊重。透過尊重式提問和肯定式提問來開啟對話，建立關係。此舉可提升年輕人的行為職能，做好學校與職場的連結，而為現今在溝通與人際關係管理中，特別需要強化精進的地方，構成個人出版本書的第二個動機。

三者，個人發現年輕人更喜歡對他人說話，擅長發表言論，經常可見滔滔不絕，灑灑不能自休的現象。年輕人熟悉上網蒐集資訊，並利用資訊的能力，已有長足進步，此誠然可喜可賀。此時，年輕人在說話時，若能繼續改進說話技巧，透過PAC交流溝通對話，使對方持續順暢溝通，達到溝通的效益。透過尊重式說話來陳述事實與說出感受，使對方不覺得被冒犯。透過主動與建構對話提升對話層級，使聽者能夠樂於對話。甚至是透過短講管理，有系統邏輯且有故事情節的進行短講訓練，使聽者能夠持續傾聽下去。皆能提升年輕人的知識職能和行為職能，做好大學與職場的有效連結，而為在當前溝通與人際關係管理中需要強化精進的要點，這是個人出版本書的第三個動機。

【聽與說】

溝通管理就是對話管理，就是管理「聽與說」，然後加上「Do Loop」迴圈的重複過程，這是再清楚不過的道理。但是，在這裡卻是「聽」與說，是先聽再說，而不是說與聽。是我先來聽你說話；而不是先說再聽，甚至是先說不聽，我先說話要你來聽。這是溝通的起手式。

簡單來說，溝通就是「我聽你說」，然後換成「我說你聽」，再交換成我聽你說，以及我說你聽的持續過程。因此，溝通對話的開始是「我聽、你說」，而為要形成我聽你說的局勢，除了你先說話之外，我還必須要先提問，提出一個問題，以做好預備（傾聽），對方的回答（說話），這就是溝通對話的起手式。

溝通管理即探討與溝通相關的管理作為，包括溝通對話技巧與溝通與人際關係兩個層面，分別由溝通對話實戰技巧和溝通與人際關係學理，雙軌來切入主題，如此即可具備理論與實務平衡，說理與演練兼具的特色。

【本書特色】

《溝通管理》一書分成十五章四十五節，本書和坊間店頭書籍的最大不同點，在於直入溝通的核心，由「聽與說」來切入，使讀者快速登堂入室，一探溝通與人際關係管理的堂奧。並且言有所本，書中內容皆有學理依據，是為本書的特色。即《溝通管理》分別由溝通對話實戰技巧和人際關係理論學理來切入主題，明顯具備理論與實務平衡，說理與演練兼具的撰寫特色。要述如下：

首先，在溝通對話實戰技巧方面，本書依序從傾聽、提問、說話、對話、短講等五個階段來鋪陳各章節，共有十章（即第一章至第十章）。循序漸進的展開溝通對話的生命交流歷程。亦即依序由傾聽管理、提問管理、說話管理、對話管理、短講管理等五個面向，循序漸進的闡述，明顯具備可操作性與易學習性。其中傾聽、提問、說話、對話更各涵蓋兩章，分別為前一章的基礎章（傾聽管理、提問管理、說話管理、對話管理），以及後一章的進階章（同理式傾聽、肯定式提問、尊重式說話、主動與建構對話）。

再者，在溝通相關學理方面，本書分別從點、線、面來切入，言簡意賅的陳述溝通相關學理，共有五章（即第十一章至第十五章）。分別探討

溝通與人際關係、溝通與人際界線、溝通與自我形象、溝通與事件解讀、溝通達人管理等主題，藉以架構起溝通管理學理上的基本元素，讀者可參考運用之。

《溝通管理》一書提供追求幸福溝通與美好人際關係的教戰守策。書中各章起首的【溝通漫步】，道盡人際溝通的情感抒懷；各節開端的《本節鑰句》，提供言簡意賅的信條短句；接著【問得好】，提出關鍵性問句，可供教師教學上問題導向學習（problem-based learning, PBL）的導句，以及讀者反躬自省的反思問句；透過綱舉目張的《各章內文》，提供可記誦的條列渠道；另輔以【行動作業】，則提供反覆操作學習的題材；至於章末的《智慧語錄》，舖陳古今中外重要人士的名言佳句。

《溝通管理》一書為本人教學二十二年來的智慧寶典，透過特有的編寫方式，融入對話與故事，將生硬的學理和活潑的故事巧妙結合，提供讀者一本溝通對話的教戰守策。閱讀本書可以使讀者熟悉溝通對話的各種實戰技巧，快速入門，登入堂奧。衷心祝福本書能夠發揮莫大影響力，特別是協助年輕讀者熟練溝通技巧，在工作與學習上迅速增進軟實力，建立豐厚人脈。

本書十分適合大專院校通識教育課程「溝通管理」、「溝通與人際關係」、「人際關係與溝通技巧」、「人際關係管理」、「人際溝通」、「溝通對話」、「溝通與團隊建立」、「幸福溝通與管理」、「美好人際關係」等課程教科用書或參考用書。

【感謝再感謝】

首先，個人要感謝上帝，賜給我如此快意、美滿的生活。你知道我最開心的事情是什麼嗎？那就是有個幸福美滿的家庭，有個笑容可掬的賢慧妻子，兩個大學畢業、孝順聽話的男孩，母親健在，以及和樂的家居生活，這成為我工作動力的泉源。每天早上一起床，就能做自己喜歡的教學

和寫作工作，我能夠鼓勵別人發揮他的潛能，這真是件太有趣的事。更有意思的是，我也發掘出更棒的方法完成這樣的一件事，我真的很幸運，能夠做自己喜歡做的事情，還能有一點小小成績，而這本《溝通管理》，正是我漫步生涯，選擇讓上帝做我自己生命CEO（chief executive officer，執行長）的具體成果之一。

　　《溝通管理》一書之得以順利完成，個人要感謝國立臺北大學何志欽校長、薛富井前校長，提供一個優質的教學與研究環境，以及校內教授同仁、學生的切磋，使本書增色不少，作者在此特別表達感謝。

　　個人在此必須感謝愛妻彝璇過去二十六年來的辛勞持家、鼓勵支持和愛心包容，並教養兩個孩子迦樂、以樂完成大學學業並進入職場。誠如所羅門王《箴言》所云：得著賢妻是得著好處，也是蒙了耶和華的恩惠。才德的婦人誰能得著，她的價值勝過珍珠。同時，個人衷心感謝五南圖書文化楊士清總經理與王俐文副總編慨允出版；臺灣科技大學游紫雲講師在潤校文稿上的細心切實。最後，願將此書獻給上帝。本書中如有任何疏漏與缺失，尚祈各界先進不吝指正，是幸。

陳澤義

識於國立臺北大學2015.8

目錄

自序

第一章　溝通的本質

【白雲漫步】

有一天在香港中環逛街，在百貨精品店中無意看到一張小飾品，上面印著「sccess」，我看不懂這奇怪的英文單字，正在狐疑間，仔細看看下方印著『You can not spell success without "u"』的一行小字，翻成中文為「沒有你就不會成功」。是的，「感謝你們大家的支持和愛護」，是的，沒有你就不會成功。不僅為人處事如此，在人際溝通上更是如此，我們在與對方對話溝通時，需要從心裡開始溝通，透過聽與說，站在對方立場思想，永遠和對方站在同一條陣線，永遠同他一國。先關心對方需要，真心協助對方，先有你然後才有我，這樣方能做到真正的「有感」溝通。

1.1 從心開始

因為人心裡所充滿的，口裡就說出來。

【問得好】你跟你的同事或同學之間，最近有連結嗎？

一、內心發動機

基本上，人與人之間溝通的言語內容，是來自於雙方內心裡所充滿的結果。因為人心裡所充滿的，口裡就會說出來【1-1】。有道是我的心在我裏面發熱。我默想的時候，火就燒起，我便用舌頭說話【1-2】。因此，我們需要先去檢視發訊者的內心，到底在想些什麼，如此才能真正掌

握解決溝通對話問題的關鍵。

(一) 內心意念驅動外在關係

根據雷分格（Levinger）的人際關係的運作互賴模式【1-3】，可看出關係的開始，是由兩個完全沒有關係的個人，自外界管道知道對方的印象，從而開始初步互動接觸而產生。可知「關係」係由發生接觸來起動，進而經歷發生接觸的動作、過程、結局，進而產生不同關係品質的水平。

事實上，關係的起源係來自內心的「意念」，來自於個人「起心動念」的意念發動，也就是當事人一旦啓動想要去做某件事情的念頭時，他已經開始啓動另外一段關係發展的歷程。因此，一位智慧人需要積極察覺自己內心意念的起落，並且在上帝或自己良心的光照中，有效管理自己的內心意念，將良善光明的意念發揚光大，將邪惡污穢的意念清潔消毒。如此一來，便能使自己身心迎向陽光，開創美好未來。

(二) 有關係就沒關係

有句話說：「有關係就沒關係，沒關係就有關係，」指出雙方的關係是良好溝通的前提要素。而這裡所謂的關係意指情感上的連結，也就是若雙方平常做好關係互動的連結行動，則必能促成美好溝通的實踐。

例如，在家庭親子或夫妻溝通當中，通常需要先問：

「你跟你的孩子之間，最近有連結嗎？」或
「你跟你的配偶之間，最近有連結嗎？」

因爲這裡最重要的事情是雙方的情感連結。此時更可進一步探究彼此是怎樣連結的，即詢問：

「雙方之間在聽（積極聆聽）與說（言語的影響力）方面的實質內容

如何？」或

「雙方連結的良好嗎？」

再者，雙方關係上的連結若是十分穩妥，則便已經具備要求對方外在行為，以及透過相關規定要求順服的基礎。因為溝通是從心裡開始，這點值得我們深思！

讓我們學習有效的溝通，走出雞同鴨講的困境吧！透過積極聆聽和發揮言語的影響力來聽與說，「讓我們隨事說造就人的好話，叫聽見的人得益處【1-4】」。正如「良言如同蜂房，使心覺甘甜，使骨得醫治【1-5】。」積極上，更能做到後果孕育出承擔，承擔孕育出責任感，自我學習長大成熟，成為社會上的棟樑之材。

人際溝通專家卡內基說：「要使別人喜歡和你溝通，首先你得改變對人的態度，從心開始，把精神放輕鬆一點，表情自然，笑容可掬，這樣別人就會對你產生喜愛的感覺。」

二、情緒商數

有效溝通能力更關乎你的**情緒商數**（**emotional quotient, EQ**），即你的情感能力（emotional ability）。情緒商數一詞係由高曼（Goleman）所提出，是自我情緒控制能力的指數【1-6】。情緒商數內涵係包括自我察覺、自我管控、自我激勵、同理心、社交能力等五個子項目，如圖1-1所示，說明如下：

情緒商數內涵係包括自我察覺、自我管控、自我激勵、同理心、社交能力等五個子項目。

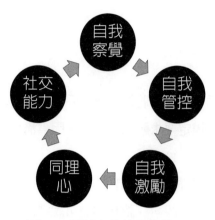

圖1-1 情緒商數的五個構面

(一) 自我察覺

自我察覺（self-awareness）是認識自己情緒的能力，指自己認知自己情緒感受的能力，即能夠察覺、辨識自己在目前所處環境下的情緒狀態，如呈現焦慮、緊張、煩躁、氣憤、哀傷、喜悅、興奮等情緒。

(二) 自我管控

自我管控（self-control）是妥善管理自己情緒的能力，即自己能夠掌握情緒的反應，以及控制自己的情緒衝動，能做合宜的處理。

(三) 自我激勵

自我激勵（self-motivation）是改變自己情緒的能力，特別是在自己面對挫折失敗之時，能夠維持住正面思考的能力。並且能夠適時自我打氣，以激勵士氣，進而在日後能做出信心回彈的行動。

(四) 同理心

同理心（empathy）是認知他人情緒的能力，即自己能夠體會、瞭解他人的情緒感覺，感同身受並體恤對方的能力。

(五) 社交能力

　　社交技能（people skills）是管理人際關係的能力，即個人在人群中合宜進退應對，以及待人接物的人際能力。

　　情緒商數愈高的人，能夠使個人適應環境變化、勝任社交工作、有效開發潛能和面對高度壓力。故能夠勝任人力資源管理、行銷業務、諮商輔導等高度人際關係密集的事務，即勝任「人群」導向的工作。情緒商數愈高的人在溝通與人際關係建立上的表現通常會較佳，其重要性不言而喻。

1.2 聽與說

只有在說話人誠心誠意，爲說明事實並激發對方表達意見而說話，眞的想要協助對方時，才是開啓眞正的溝通，建立友誼。

【問得好】在溝通時你會怎樣說？你會怎樣聽別人說？

一、聽與說

　　消極上，人與人在工作或家庭中所碰到的問題，八成以上都是和他人人際關係破裂有關的問題，而要在人生中避開這八成以上的風險，需要掌握有效的溝通準則。積極上，人與人爲要完成任務或共同生活，需要與他人互動，**溝通（communication）**是必經之路。不管是家庭中親子間或夫妻間的溝通對話，或是工作中與上司、同事、下屬、顧客間的溝通皆十分重要。

　　溝通就是簡單的「聽」與「說」，然後加上執行迴圈（do loop）的重覆動作，這是清楚不過的事情。但是，在這裡卻是「聽」與「說」，而不是「說」與「聽」。是先聽再說，是我先來聽你說話；而不是先說再聽，

不是我先說完再來聽；甚至是先說不聽，我先說話要你來聽。這是溝通的秘訣，誠如「你們各人要快快地聽，慢慢地說，慢慢地動怒【1-7】。」

我們溝通的目的有二，一為聽取對方的意見，二為表達自己的意見，如圖1-2所示。茲說明於後：

圖1-2　溝通的兩個目的

(一) 聽取對方意見

發訊者旨在聽取對方意見，溝通的初衷即在幫助他人，引導對方表達意見，陳述事實。發訊者期望獲得對方的建議資訊。此時即能開啟和對方溝通的開關，連結對方，擴展人脈。發訊者並沒有想到自己，因此能夠表達接納和信任對方的軟實力（soft power），從而順利建立關係。發訊者將他人視為獨立個體，個別化的用心傾聽。因為別人不在乎我們多有學問，別人只在乎我們有多傾聽他們，故需深化傾聽與關心的程度。更因為人性最深層的渴望就是被欣賞和被瞭解，而且「導人必因其性」【1-8】。

(二) 表達自己意見

相反的，若發訊者旨在表達自己意見，溝通的初衷即在吸引別人目光，吹噓發訊者的學識和能力，而不管他人是否想要傾聽，結果就形成躁音般的聲音，有如車輛鳴按喇叭、人們敲鑼打鼓、啟動機器設備，製造無謂的聲響，令人煩躁。發訊者切記千萬別以為把話說完就算清楚溝通。我們需要多舉四周實例、生活例證、故事寓言來多方說明，並適時諮詢對方的看法，並回答對方的問題，務期使對方完全瞭解，方算是有效的溝通。

　　英特爾總裁葛洛夫（Grove）說：「我們溝通得好不好，並不是決定於我們說得多精采，而是在於對方懂得多少。」頗值得深思。

二、聽與說的內涵

　　發訊者在溝通時，為避免成效差，事倍功半，甚至徒勞無功，實需平衡和收訊者間的「聽」和「說」內容，好使彼此間的溝通過程順暢。收訊者有沒有在聽？收訊者都聽些什麼？發訊者有沒有說太多？發訊者都說些什麼？

溝通品質好壞，取決於發訊者和收訊者間的「聽」和「說」內容。收訊者有沒有在聽？收訊者都聽些什麼？發訊者有沒有說太多？發訊者都說些什麼？

　　在聽與說的自我察覺上，當我們將自己拍進溝通的照片中時，需要掌握兩項因素，說明如下：

(一) 傾聽力程度

　　傾聽力程度指收訊者在「聽」話時，專心聆聽發訊者說話，表現的傾聽力程度。傾聽力程度是收訊者能否有效瞭解發訊者所表達的意涵。至於傾聽力程度高的收訊者，可以有效察覺發訊者心中的意思，探索對話中每句話的真正意涵。高傾聽力即是積極聆聽，能聽出對方說出來的話語，以及沒有說出來的話語、想法、心情和感受，並且要敏銳對方的感受。並且能夠進一步透過同理心，將他的心聲說出來。如此的感同身受的傾聽，便可贏得對方的尊重與信任。

(二) 表達力程度

　　表達力程度指發訊者「說」話時，留心自己說話時的表達能力程度。說話的表達能力程度關乎發訊者能否有效遣詞用句，表達自己的意念。自

信心足夠的發訊者容易將自己的意思做完整表達【1-9】。高表達力即是能發揮言語的影響力，一句話就能改變對方的一生。

進一步言，我們在說話時，要盡量用「我」為主體來說出訊息，避免以「你」為主體來開啟訊息。亦即學習說出以「我」為主體的說明或自我感受話語，以事實代替批評對方、感受代替指責對方、請求代替命令他人。詳細內容請參閱第七章尊重式說話。

三、聽說方格

要使溝通更為順暢，提升對話效率，需將傾聽力和表達力有效組合，形成**聽說方格**（**hear and speak matrix**）。在其中，即形成四個「聽」與「說」的關係矩陣【1-10】，其間包括四種狀態，如圖1-3所示，要述如下：

圖1-3　聽說方格

(一)聽說俱佳的獅子

指表達力程度高和傾聽力程度高的情況。此時發訊者自信心充足和同理心充分，有若獅子，以萬獸之王之姿，清楚表達自我，引人注目，風靡

全場；且能有效傾聽，收放自如，形成溝通經濟的效益，以及高的溝通商數，並能達成溝通效果。

(二) 多說少聽的孤鷹

指表達力程度高和傾聽力程度低的情況。此時發訊者自信心充足但同理心不足，有若孤鷹。雖自在如高空飛鷹，以遨翔天際姿態翱翔，但形影孤單，明顯呈現偏重話術，而忽略傾聽，致形成單向獨白的低效能溝通。理由是自信心充足故能有效掌握主動說話的形勢，加上同理心不足而不管對方是否想要傾聽。例如，工作中常見的主官訓話式單向溝通，但見言者諄諄而聽者邈邈的情形。

(三) 多聽少說的小狗

指表達力程度低和傾聽力程度高的情況。此時發訊者自信心不足但同理心充分，有如小狗。忠實小狗係以善體人意姿態出現，積極傾聽展現同理，但卻言語稀少，較少說出心事。此時同理心充分故持續關切對方的情緒和反應，呈現主動關懷的輔導形式，多次做球給對方，試圖探索對方內心的真意。然而，由於自信心不足而較少表達自我，在長期付出而較少吐露心事下，情緒被壓抑而容易崩解。例如，家庭中的內向妻子長期傾聽丈夫的發牢騷。

(四) 聽說俱少的無尾熊

指表達力程度低和傾聽力程度低的情況。此時發訊者自信心不足和同理心不足，有如無尾熊。無尾熊係以清新可愛姿態出現，雖惹人愛憐，但卻難以溝通。不惟難以清楚表現自我，亦無法專心傾聽對方，結果就形成許多雜訊，只是裝可愛而各說各話，溝通不良，形成溝通無效的溝通不經濟現象。

申言之，溝通需要掌握兩個層面，即自己的自信心和對人的同理心，若能夠將此兩者有效組合，就能夠發揮溝通的效益。而要提高表達能力，

除學習溝通技巧外，更需要充足的自信心，發揮應有的表達技巧；並需要充分的同理心，發揮應有的傾聽能力。自信心關乎是否能自然表現自我，同理心關乎是否能辨識對方情緒。自信心足夠的人能夠自由自在的將說話人的意思表達清楚；同理心足夠的人能夠有效聽到說話人心中的真正意思。此時精進溝通深度的秘訣，即是增強發訊者的自信心並訓練收訊者的同理心。便能達到所羅門王所說：「一句妥善的說話言語，好像蜜蜂蜂房裡的花蜜，同樣令人感到甜美。」

在此時，和對方有效溝通的訣竅是，強化自信心並增進同理心。將對方看成不同的個體，個別的用心對話。因為對方並不在意你有多大學問，對方只會在意你有多在意對方，所以需要用心溝通。因為要管理自己，用頭腦即可；但是要影響對方，需要用心經營才足【1-11】。絕對不可認定說完話，就已經清楚溝通。說話人需要致力使用各種例子、寓言、故事、見證來說明，並積極詢問對方意見，並提出自己看法，使對方能夠瞭解你的意見，達成水平與垂直溝通的奠基工作。

收訊者若沒有留意到發訊者說話中的沈默空白部分，也會遺漏若干的重要訊息。

此外，在真實世界中，人們內心皆渴望在上帝的恩光中，有足夠影響力，能做好真正想做的事，為上帝發光發熱，造福人群【1-12】。哪怕只是平凡的小願望。包括工作穩定、家庭溫暖、婚姻美滿、父慈子孝等。然而，即令是微小願望，仍需要發揮溝通力。更何況圖謀事業成功、飛黃騰達、甚至名望九鼎，尤需建立豐沛穩妥的關係人脈，期望推動多人共同效力。正如「有關係就沒關係，沒關係就有關係」，而這就需嚴格檢視你的有效溝通能力。

溝通對話的目的，在於瞭解他人、幫助他人，而非建立共識。

【智慧語錄】

　　要深入你的內心，認識你自己！認識你自己，方能認識人生。

　　　　　　　　　　　　　——蘇格拉底（Socrates），古希臘哲學家

　　交朋友就是交朋友，這三個字最重要的是因為交往而帶來的身心舒暢和健康，還有隨緣而得的友誼，這份友誼的有，或者沒有，都不是交朋友最重要的目標。

　　　　　　　　　　　　　　　　　　　　　　——作家，三毛

【本章註釋】

1-1 「因為人心裡所充滿的，口裡就說出來。」出自所羅門王箴言第6章第45節。

1-2 我的心在我裏面發熱。我默想的時候，火就燒起，我便用舌頭說話。出自大衛詩篇第39篇第3節。

1-3 人際關係運作的互賴模式。出自雷分格（Levinger），Levinger, G. (1957), Kurt Lewin's Approach to Conflict and Its Resolution: A Review with Some Extensions, Journal of Conflict Resolution, 1(4): 329-340.

1-4 「讓我們隨事說造就人的好話，叫聽見的人得益處。」出自所羅門王箴言第16章第24節。

1-5 「良言如同蜂房，使心覺甘甜，使骨得醫治。」出自所羅門王箴言第16章第24節。

1-6 情緒商數一詞係由丹尼爾・高曼（Daniel Goleman）所提出，意指使用來測量個人的情緒與情緒變化的商數。敬請參閱楊春曉譯（民99），《情商：它為什麼比智商更重要》（丹尼爾・高曼著），北京市：中信出版。

1-7 「你們各人要快快地聽，慢慢地說，慢慢地動怒。」出自聖經雅各書第1章第19節。

1-8 「導人必因其性」，「人性最深層的渴望就是被欣賞和被瞭解」，敬請參閱Covey, R.S. (2004), The 8th Habit: from Effectiveness to Greatness, NY: Franklin-Covey Company. 殷文譯（民94），《第八個習慣》，史蒂芬・柯維著，台北市：天下文化出版。

1-9 敬請參閱施以諾著（民99），《信心，是一把梯子：72個向上提升的祝福與盼望》，台北市：主流出版。

1-10 四個「聽」「說」方格係由自己的自信心和對人的同理心所組成的

（2×2）的方格矩陣，見華人心理治療研究發展基金會執行長王浩威2012年的演講稿。

1-11 敬請參閱李家同著（民84），《讓高牆倒下吧》，台北市：聯經出版。

1-12 當然，本書中會接觸到「天」或「神」的概念，在這裡，基督教或天主教意指上帝，回教意指阿拉，佛教意指佛或菩薩，道教意指神明或玉皇大帝，非任何特屬宗教或New Age思潮等則以上天稱之等，由於眾說紛紜，莫衷一是，本書作者全然接納各家宗教的論點，然為簡化且易於說明起見，在本書的敘述中，皆以「上帝」一辭概括承受與替代之。因為全球中基督教或天主教的信仰人口最多，以及作者個人的宗教信仰所致。在此作者尊重宗教多元價值，並無獨尊基督教或排斥其他宗教的意思，其他宗教信仰讀者敬請自行將上帝替換成為其他相關神祇的名稱來閱讀相關文句即可，作者在此聲明。

【行動作業】

請計算一下，你在以下三種情境，你是聽得比較多呢？還是說得比較多呢？你的聽和說的比重大致是多少呢？並請說明其中的理由？

(1) 你和同學籌辦社團活動時；

(2) 你和朋友（或男女朋友）外出用餐時；

(3) 你和家人在家中閒聊時。

第二章　傾聽管理

【曉月漫步】

　　現在請坐好，閉起你的雙眼，

　　讓你那漂浮的心思，停駐下來，

　　讓你的心體會四周發生了什麼事，

　　有哪個人，他們在做些什麼事，說了哪些話。

　　也讓你的心在這股動作的水流當中，

　　稍—爲—安—歇—

　　現在，打開旁邊的音響，播放一首輕音樂，

　　讓那音樂的每個音符，樂曲中的每個節拍，每段旋律，

　　都如清泉水流般的灌入你的耳中，

　　也灌進你的小小心田內，

　　且讓你細細傾聽這個悅耳音符，

　　聽樂曲的喜，聽樂曲的樂，

　　也聽樂曲的憂，聽樂曲的淒，

　　聽這章樂曲的美麗與哀愁，

　　與—她—同—行。

2.1 培養傾聽能力

透過用心和用情的真心聽，可使收訊者跨越人際鴻溝，和發訊者站在同一陣線上，也就是和發訊者同國，對發訊者進行有情傾聽。

【問得好】你要怎樣使用有情傾聽，來聽你同事或同學的說話？

　　第一章提及溝通是「聽與說」，就是先「我聽你說」，然後換成「我說你聽」，再交換成我聽你說，以及我說你聽的持續過程。因此，溝通對話的開始是「我聽、你說」，這就是溝通對話的起手式。因此，收訊人的傾聽能力便十分重要，乃至於如何培養傾聽能力，便成為本節的主題。

　　以下將溝通的焦點置於「聽」的層面，在聽的方面，溝通首重傾聽，收訊者透過聆聽發訊者的訊息，展現關懷對方的態度，可使溝通獲得相乘的效果。

　　傾聽（listening）常會和聽到（hearing）混淆，甚至被視為理所當然之事。事實則不然，聽到只是收訊者接受到發訊者所發出的聲波震動，至於傾聽則是收訊者致力去瞭解所聽到的訊息內容。事實上，「聽」這個字，就是由耳朵、眼睛、和內心三者，所組成的形象字。

　　傾聽是以發訊者為中心，收訊者試圖掌握發訊者的話語，或想要表達卻未能表達出來的重點。

　　傾聽可以用來「澄清」自己的問題、「洗滌」自己的情緒、「重整」自己的思緒，最終可以「自我決定」問題是否嚴重及還否存在。而人腦處理「聽」的速度約為「說」的六倍。因此，需多聽少說。誠所謂：「你們各人要快快的聽，慢慢的說，慢慢的動怒，」就是這個道理【2-1】。上帝創造人類，給我們每個人兩隻耳朵，但卻只有一張嘴巴，也是要我們多聽少說。

一、培養傾聽能力的四個基本步驟

　　在這個世界上，很少有兩個人的意見完全相同，這是人的本性，因此需要溝通。溝通的起步是傾聽，是先聽再說。事實上，多數的問題其實只要我們肯傾聽對方說的話，問題自然已解決一半。美國安麗（Amway）

多層次直銷公司的行銷經理泰瑞・費爾柏（Terry Fellber），指出培養傾聽能力的四個基本步驟，即停、看、聽、應【2-2】，說明如下：

培養傾聽能力的四個環節即爲停、看、聽、應的能力四者。

(一) 停的能力（stop）

　　當收訊者面對發訊者分享某件事物時，請務必先停下手邊的事情，專注傾聽發訊者的說話。即使僅花費短短數分鐘，也需要認眞的傾聽，如此一來必能使對方感受到，你對他的尊重和善意。

(二) 看的能力（see）

　　當收訊者傾聽發訊者時，雙方的眼神接觸十分重要。一則可強迫收訊者專心傾聽，二則也可鼓勵發訊者繼續說話的效用，此時收訊者的臉部表情宜保持喜悅，連同其他肢體語言，共同傳達正向傾聽的訊息。

(三) 聽的能力（listen）

　　當收訊者傾聽發訊者時，收訊者透過所聽到的話語，分析發訊者「實際上」說些什麼話，還有發訊者「眞正」想要表達的是什麼？試圖找出若干關鍵字句，正確的判斷出發訊者的眞正用意。

(四) 應的能力（response）

　　再經過停、看、聽的步驟之後，接著就是收訊者的回應。傾聽和溝通都是雙向的事務，收訊者的回應可以是重新整理發訊者剛才所說過的話語，也可以是透過提問引導出所要獲得的結論。

二、傾聽能力的元素

　　所謂傾聽能力的元素，即構成優質傾聽能力的必要條件。社會心理學家艾根（Egan）提出**直覺模式**（**soler model**），soler係由五個英文單字的字首字母拼出來的術語。指在他人心中建立起良好的第一印象的情形【2-

3】，如圖2-1所示。說明如下：

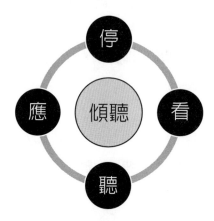

圖2-1　傾聽能力的四個環節

(一) S指坐好（squarely）

坐好指坐在他人面前（face to face squarely），即要坐在他人的前方，進行面對面的溝通。至於詳細的方位有三，說明於後：

1. 九十度垂直角度：發訊者和收訊者若能以直角的角度坐下，相較於其他位置，是較佳的好位置。因爲此時雙方眼神可以自然轉移，避開面對面的尷尬。雙方若能隔張桌子隔直角坐下，則不會過於親近，且較有保護的安全感。

2. 一百八十度平行角度：發訊者和收訊者若是相鄰而坐，此時無法清楚看到對方面部表情和肢體動作，無法在最短的時間內獲取對方資訊。若且雙方落坐的距離過近，易有肢體親密接觸，此類似情侶間的戀愛座位。

3. 三百六十度對坐角度：發訊者和收訊者若是以平行角度面對面落坐，則不免眼神必須正視對方，無形中會增添溝通壓力；雙方若隔張桌子面對面坐下，則又過於正式，十分類似兩造談判，會營造雙方的對立感

受。

(二) O指開放（open）

　　開放指開放身心（open your body and mind），即採取開放態度，姿勢輕鬆自然，例如張開雙臂表示全心接納和坦誠無思的胸襟，而雙手交叉於後或抱於胸前皆令人感到防衛和隔閡。這時包括兩種形式的開放，說明如下：

　　1. 生理的開放：生理的開放意指讓自己的身體預備好承接發訊者所發出的訊息。此時需要停下手邊正在忙的工作，專心聆聽，此舉可使發訊者感受到你對他的尊重。

　　2. 心態的開放：當收訊者內心採行開放心態，身體上所表現出來的肢體動作，自然是散發善意。當收訊者放下自我防衛立場或主觀意識形態，將會使發訊者較願意說出心底感受。

(三) L指屈身（lean）

　　屈身指身體稍微向前傾（lean forward），即表現出正向的身體語言。此時收訊者身體稍微前傾，拉近收訊者跟發訊者的距離，表示傾聽對方。當收訊者樂意傾聽時，由於心中呈現善意且開放的態度，致使身體自然微微向前傾斜，傳達出親切感的氣息。這時更包括兩個積極性動作：

　　1. 握手或擁抱：在見面時和分手時的握手和擁抱，透過身體接觸展示熱情和友好，特別是好朋友在談到激動處，往往會緊握住對方的雙手。

　　2. 點頭稱是：點頭除表示收訊者專心傾聽，而且表示理解對方，以及同意對方的觀點，此舉可使對方較諸平時更加健談，甚至可達三至四倍。

(四) E指眼睛（eye）

　　眼睛指目光接觸（eye contact），即表適當的眼神接觸。當收訊者傾聽發訊者說話時，需要看著發訊者，以表示自身的專心和尊重。眼睛是心

靈之窗，無聲勝有聲，眼神交流更勝於內心表達而更具默契。至於詳細的接觸方位有二，說明於後：

　　1. 注視發訊者的眼睛：注視發訊者的眼睛固然可表達收訊者的尊重，但直接注視發訊者的眼睛，容易給發訊者無形的壓迫感。

　　2. 注視發訊者的鼻子下方：注視發訊者的鼻子下方，即將眼神焦點輕鬆放在發訊者的鼻子和嘴巴中間的部位。此時自然流露出專心姿態，但由於雙方眼神並未定焦，故不會造成壓迫感。

(五) R指放鬆（relax）

　　放鬆指身心輕鬆（relax itself），即以輕鬆和親切態度，自然傳遞溫暖和詳和氣氛。

　　在傾聽時若能有意識的運用Soler技巧，必能助人改變不適當的社交習慣，更能有效提升他人的好感，增強他人接納自己的情形。

2.2　主動傾聽

主動傾聽包括接收、理解、記憶、評估、回應等五個階段。做好主動傾聽可以成為一位良好的傾聽者，贏得對方的尊重。

【問得好】你要怎樣使用積極傾聽，來聆聽你家人的說話？

　　最有效的傾聽是主動傾聽，主動聽對方發言，並試圖瞭解對方的立場觀點，如此便容易使你成為一位優秀的管理者。

　　主動傾聽（**active listening**）是被動傾聽（passive listening）的對應辭彙，主動傾聽有別於被動傾聽，被動傾聽僅是吸收或記憶所聽到的詞語。而主動傾聽需要由發訊者的觀點，充分瞭解訊息的意涵。主動傾聽又名積極傾聽，是收訊者對於發訊者所發出的訊息感到興趣，願意主動且積極的

接收；而不是被動傾聽的忽視發訊者所發的訊息，甚至顧左右而言他。

主動傾聽又名積極傾聽，是收訊者對於發訊者所發出的訊息感到興趣，願意主動且積極的接收。

主動傾聽是傾聽的主動形式，根據德皮托（DeVito）的論點，主動傾聽包括接收、理解、記憶、評估、回應等五個階段【2-4】，如圖2-2所示，說明如下：

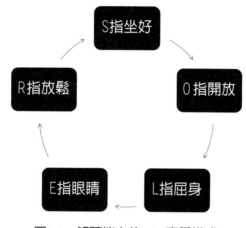

圖2-2　傾聽能力的soler直覺模式

一、接收

主動傾聽的第一個階段是接收（receiving），即收取發訊者所發的訊息，亦即經由各種感知器官接收發訊者所發出的資訊。此時，主動傾聽不僅只是接收發訊者所傳達的說話話語內容，同時也接收專注發訊者的各種非語言訊息，如垂首、嘆息、搥胸、顫抖、敲桌、頓足、搖頭、跳躍、興奮姿態等。

　　在接收階段，主動傾聽與被動傾聽的最大差異處即是否呈現有效的注意，此時博頓（Bolton）所提出積極傾聽的注意技巧（attending skills）即十分有用【2-5】，注意技巧包括四個要點，說明如下：

(一) 放鬆的身體姿勢

　　在主動傾聽時，接收者的身體姿勢，需要保持放鬆，並且維持警覺靈敏的傾聽心情。

(二) 適當的肢體動作

　　在主動傾聽時，接收者面對發訊者的說話，需要給予適當的肢體反映。例如，稍微靠近對方、身體適度前傾、目光保持接觸、面帶微笑笑容、肯定的點頭、適當的臉部表情、避免心不在焉的手勢或舉動等。

(三) 低度的環境干擾

　　在主動傾聽時，接收者宜盡量排除外在環境的噪音音量。例如，起身關閉電視和音響、要求他人降低說話音量、甚至要求換個較為安靜的場所等。

(四) 持續的內心注意

　　在主動傾聽時，接收者留意內心思緒停駐，需要維持持續注意，以清楚感受到發訊者所傳達的訊息內容，此即顯示接收者的專注程度。

二、理解

　　主動傾聽的第二個階段是理解（understanding），即瞭解訊息發訊者所發出的訊息，亦即明白發訊者傳遞訊息的意涵。此時，主動傾聽不僅必須知曉發訊者所表示的意見和想法內容，同時也需留意發訊者發訊時的情緒狀態，如喜悅、憤怒、哀傷、快樂、愛憐、厭惡、興奮、煩惱、憂慮等。

三、記憶

主動傾聽的第三個階段是記憶（remembering），即記住發訊者所發出的訊息，亦即能夠將所接收和理解的訊息，留駐在腦海中若干時間。此時，積極傾聽並非重行複製（reproduce）所接收到的訊息，而是用自己認知的方式，重行建構（reconstruct）所接收到的訊息。

在理解和記憶階段，主動傾聽與被動傾聽的明顯差異處即是否能夠有效的追隨發訊者。同樣的，博頓（Bolton）在主動傾聽的**追隨技巧**（**following skills**）即十分重要，追隨技巧即是讓發訊者以自己方便的形式，傳達內心想法和感受，從而收訊者得以瞭解發訊者看待自身所處情境的方式。追隨技巧包括亦四個要點，說明如下：

(一) 啟動開門器（door opener）

在主動傾聽時，接收者試圖提出簡短問題，透過非強迫性方法，邀請發訊者說話。當然，發訊者有可能不願談論自己的事情。此時應該尊重對方意志，切勿強人所難。例如可以探詢說：

「你很有熱情，也很開心，我想多聽你的想法。」
「你似乎很生氣，也很不開心，我想聽聽你的看法。」

(二) 基本的鼓勵（minimal encouragement）

在主動傾聽時，收訊者可運用基本的鼓勵，即使用若干支持性的回應，邀請發訊者繼續說話，暢所欲言。即向對方表示你業已聽進意見，並鼓勵對方繼續溝通。收訊者切勿插話，甚至導引話題方向。重點是收訊者必須以「最低基本數量」的支持性鼓勵，不可打斷發訊者的思緒。例如，收訊者可以如此說：

「還有呢？」

「這太棒了，然後呢？」

「喔，原來是這樣子呀！」

「接下去發生什麼事呢？」

「好精采喔，那下一步是什麼呢？」

(三) 偶而的詢問（infrequent questions）

在主動傾聽時，收訊者更可使用偶而的詢問，透過詢問若干問題，使發訊者繼續說話。此時收訊者必須提出開放性問題，而非封閉式問題，並且一次僅能提問一個問題。收訊者切勿多言且避免打斷對方的話語，重點是不可打斷發訊者的思緒。例如，收訊者可以如此詢問：

「那接下去，你下一步要做些什麼事呢？」

「這個時候，妳對這件事情的看法是什麼呢？」

「然後，您有什麼樣的計畫或安排呢？」

(四) 專注的沈默（attentive silence）

在主動傾聽時，收訊者需要使用專注的沈默，安靜等候發訊者繼續說下去，切不可心急發言，也不可著急催促發訊者。沈默絕對是主動傾聽者首先必須學習的技巧。專注的沈默能夠同理發訊者的心情，給予發訊者高度支持，使得發訊者獲得繼續說話的勇氣，為一極佳的追隨技巧。

四、評估

主動傾聽的第四個階段是評估（evaluating），即評量訊息發訊者所發出的訊息。亦即判斷發訊者心中的態度和意圖。此時，主動傾聽不僅接收、理解、記憶發訊者所傳達訊息的字面意義，同時也需推敲上述訊息的

深層意涵。

五、回應

　　主動傾聽的第五個階段是回應（responding），即對發訊者所發出的訊息作出反應。回應是傾聽過程中十分重要的一個階段。

　　在評估和回應階段，主動傾聽與被動傾聽的另一差異處即是否能夠有效的回應發訊者。相同的，博頓（Bolton）在主動傾聽的**反映技巧**（**reflecting skills**）即相當重要，反映技巧即是讓發訊者以有效的方式，適時適地給發訊者回應，以順利地轉換說話者和傾聽者的角色。反映技巧包括三要點，說明如下：

(一) 內容反映

　　在主動傾聽時，收訊者將自己所聽到的話語內容，用自己的語彙，簡單扼要的重述發訊者的主要意思，即為內容反映。此時，主動傾聽者使用簡述語意可反映語意內容，確定收訊者所接收、理解和回憶的內容，正是發訊者所想要傳達的意見。而當收訊者複述發訊者的意思時，應力求客觀描述事實，用字更需精簡，避免冗長艱澀語彙，以免形成溝通的另一道障礙。內容反映又包括兩種反映：

　　1. 簡述語意（paraphrase）：譯意即是收訊者為澄清發訊者的意思，或為向發訊者表示業已明瞭發訊者的意思，即用自己的話，重新敘述發訊者所說過的話，或做個簡短註釋，使發訊者知道收訊者真得用心傾聽，以提增對話的效益。

　　2. 重點摘要（summary）：重點摘要即是收訊者用自己的話摘錄一次重點，特別在發訊者作出較長的表達後，可以以一兩句話總結對方的處境或感受，以表示瞭解此一問題。或是為向對方提示你已記住他的說話，可在對話最後做總結。例如：「你的意思是……」。

(二) 情感反映

在主動傾聽時，收訊者將發訊者業已傳遞的情緒狀態，忠實的反映。此時，主動傾聽者使用情感反映以表達對於發訊者感情知覺的理解。提供發訊者能夠更深入觀察自己內在各種情緒的機會。

(三) 意義反映

在主動傾聽時，收訊者同時做好內容反映和情感反映二者，即稱為意義反映。其為主動傾聽中最為有效的反映方式。此時，意義反映的典型用語即為「你覺得……，因為……」。即為「你覺得」接下去的感覺字眼，「因為」接下去和此一感覺有關的事件內容。例如：

「你覺得很擔心，因為不知道他現在是否平安活著？」

「你覺得很生氣，因為處長在大家面前數落你，卻不給你解釋機會。」

「你覺得很不開心，因為昨天的約會男朋友對妳失約了？」

「你覺得很不滿意，因為過去三年的三次升遷機會都沒有輪到你。」

「你覺得很不公平，因為主任給同事小李三個月考績，卻只給你一個月。」

最後，收訊者的主動傾聽可以使發訊者聽聽他自己，澄清自己的問題，進而自己解決問題。同時更可協助發訊者宣洩情緒，淨化自己的情感，有益身心健康。誠所謂「能聽的耳，能看的眼，都為耶和華所造的」【2-6】，因此，凡有耳可聽的，就應當聽。

2.3 有效傾聽

透過有效傾聽，可使收訊者提升傾聽效率，和發訊者站確實溝通，也就是和發訊者內心密切互動，不會誤解發訊者的真正意思。

【問得好】你要怎樣提高傾聽效益，進行有效傾聽？

　　基本上，若以傾聽的效能高低來區分，傾聽可分成四種類型，即無傾聽（non-listen）、邊際式傾聽（marginal listen）、評估型的聆聽（evaluative listening），以及主動式傾聽（active listening）。說明如下：

　　1. 無傾聽：無傾聽是完全沒在聽，傾聽效能最低，收訊者對於發訊者的訊息連耳朵都沒打開，充耳不聞，是最糟的聽。

　　2. 邊際式傾聽：邊際式傾聽是假裝在聽，傾聽效能亦低，收訊者對於發訊者的訊息有聽沒有到，是耳朵雖然打開了，卻沒有打開心，結果是發訊者的話語就從左耳進、右耳出。

　　3. 評估型傾聽：評估型傾聽是選擇性的聽，傾聽效能適中，收訊者對於發訊者的訊息以批判的心態來接收。收訊者以先入為主的觀念，只聽收訊者想聽的部分。

　　4. 主動式傾聽：主動式傾聽是積極傾聽，一名有效傾聽，傾聽效能最高，收訊者積極接收發訊者的訊息。本節即詳細說明有效**傾聽**（**effective listening**）。

一、有效傾聽的四個關鍵字

　　基本上，收訊者要進行有效傾聽，必需把握有效傾聽的四個關鍵字，即專心、用心、動作、心意四者，如圖2-3所示。說明如下：

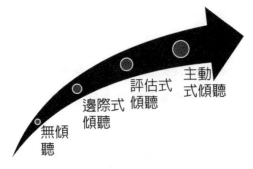

圖2-3　傾聽的四種類型

(一) 專心

專心是收訊者集中注意力，肯花時間聆聽發訊者的話語。在此一關鍵字下，為達有效傾聽即需要求「專注」，收訊者需專心聆聽發訊者說些什麼話，呈現有始有終的持續傾聽，並摒除所有可能會導致分心的事物。

(二) 用心

用心是收訊者努力表現出傾聽的興趣，以及對發訊者的關心。在此一關鍵字下，為達有效傾聽即需要求「同理心」，收訊者需要設身處地站在發訊者的立場，瞭解發訊者想要傳達的意思，而非收訊者想要知道的訊息。

(三) 動作

動作是收訊者不僅需要注意發訊者的話語本身，還需注意發訊者的肢體動作，事實上也已經傳達出若干訊息。在此一關鍵字下，為達有效傾聽即需要求「接受」，收訊者需客觀傾聽，不加上個人判斷，全然接受發訊者所要表達的意思。不僅聽其內容，更要能聽其動作，聽其感覺，注意聽對方是否為意在言外。也就是找出若干「語言能夠表達」和「非語言所能表達」的暗示線索，如各種表情、語氣、肢體語言等。

(四) 心意

心意是收訊者不僅需要注意發訊者說出口話語的意思，還需注意發訊者沒有說出口的隱含感受和內心需要。在此一關鍵字下，為達有效傾聽即需要求「完整」，收訊者需盡可能瞭解掌握發訊者想要傳達的內容。例如以語言表達肯定、釐清問題、用自己話語重述對方意見等；以及以非語言的視線接觸、臉部表情、點頭搖頭等舉動。

二、有效傾聽的基本準則

為做好有效傾聽，有以下十項基本準則必須遵守【2-7】，說明如下：

有效傾聽的十項基本準則是三個「不要」、三個「要」、兩個瞭解和兩個檢視。

(一) 三個「不要」

1. 對收訊者自己，不要假裝在聽：即使是先前已經聽聞過的話語，收訊者仍然需要用心傾聽，因為可以溫故而知新。若是收訊者沒有真正在聽時，他是在佯裝附和，口頭上只說些應合發訊者的敷衍話。例如：「是的」、「我知道」。這種情形沒過多久，必然被識破而露出馬腳。

2. 對發訊者對方，不要打斷對方的話語：收訊者打斷發訊者的說話，代表收訊者輕視發訊者的觀點，甚至輕視發訊者本身，至少表示沒有耐心聽發訊者說完話。特別是聽話的接收速度為說話速度的四倍，發訊者一句話尚未說完，但收訊者已經聽明白所說的內容，因此收訊者容易打斷對方的說話。

3. 對周遭的環境，不要影響自己的思緒：收訊者要留意會讓自己的思緒偏離的因素，例如可口美味的食物、暴露身體的衣服、腐敗惡臭的垃

圾、過於吵雜的環境等，此皆容易導致雙方對話時思緒偏離至他處。

(二) 三個「要」

1. 對收訊者自己，要感到興趣：收訊者需要真正對發訊者的發言感到興趣，這些表現很重要，會讓發訊者產生繼續說話的想望。例如，收訊者說：「嗯」、「哦」、「好棒」，表示你的興趣和共鳴。這樣才能瞭解發訊者的主要需要，進而妥善應對，方能掌握瞭解發訊者疑問的機會，掌握彼此接納的機會。因為收訊者若對發訊者的說話內容感到厭煩，則可能會錯過某些重要的事實，只獲得部分枝節資訊。

2. 對發訊者對方，要聽其音聲：收訊者要注意聽發訊者說的內容，特別是言語難以表達發訊者內心揪結時。此時即是聽其音聲、觀其動作。這些非言語的表達，是重要的資訊，因為傾聽比說話會知道更多，傾聽過程中多加觀察必會知道更多的事實。

3. 對周遭的環境，要促成專心傾聽：收訊者要積極管控環境，甚至關閉音想或令他人安靜，藉此向發訊者傳達，收訊者正在認真促成專心傾聽，希望發訊者進一步多說明，告訴收訊者更多的資訊。

(三) 兩個瞭解

1. 對收訊者自己，要瞭解話語內容：收訊者要瞭解發訊者所說話語，其中的真正內容與意思。此時收訊者可以用自己的話，簡述語意自己所理解的意思，讓對方檢查正確與否。特別是收訊者因著傾聽某些事情，感到興奮莫名，此時需要留意是否未能真正瞭解話語內容，導致出現誇大誤會的錯誤認知。

2. 對發訊者對方，要瞭解回應反饋：收訊者要能將發訊者的說話，做出概括總結，瞭解回應反饋的必要性。特別是當收訊者不同意發訊者的說法，但是卻必須回饋對方時，收訊者需要格外認真瞭解回應。

(四) 兩個檢視

最後，有效傾聽的效果檢視，更需檢視傾聽的整個歷程。關鍵在於確認傾聽後的回饋和驗證二者，是否業已建立。

1. 回饋：回饋是禮尚往來的表現，有問有答，有來有往才是有禮，關係得以繼續維持。回饋更包括若是收訊者聽錯了，則發回由發訊者加以更正之；若是收訊者沒有聽錯，則向發訊者再次確認無誤。

2. 驗證：驗證是收訊者將所聽到的訊息，經由收訊者自我解讀後，回饋給發訊者，藉以確認此一訊息是否聽對，內容無誤。

【智慧語錄】

上帝給了人兩耳和雙眼，但卻只有一張嘴，意思是要人多看多聽而少說。

——蘇格拉底（Socrates），古希臘哲學家

生命所提供的最好獎賞就是，有機會為值得做的事情辛勤工作。千萬不要為所沒有的來抱怨，要珍惜現在所擁有的。

——羅斯福（Franklin D. Roosevelt），美國總統

【本章註釋】

2-1 「你們各人要快快的聽，慢慢的說，慢慢的動怒」，原文出自聖經雅各書第1章第19節。

2-2 泰瑞・費爾柏（Terry Fellber）的傾聽四個基本步驟。敬請參閱泰瑞・費爾柏《贏在生活的相處之道》。

2-3 除了艾根（Egan）的提出直覺（soler）模式外，另有柔軟（soften）模式，指微笑（smile）、開放（open）、前傾（forward）、接觸（touch）、眼神（eye）、點頭（nod）。敬請參閱Venkat Subramaniam與Andy Hunt《高效程序員的45個習慣》。

2-4 德皮托（DeVito）的主動傾聽五個階段，敬請參閱DeVito (2013), The Interpersonal Communication Book (13th ed), NY: Pearson Education. 以及 Rogers, C. R. and R. E. Farson (1976), Active Listening, Chicago: Industrial Relations Center, University of Chicago. 以及陳皎眉（民102），《人際關係與人際溝通》（二版），台北市：雙葉書廊。

2-5 有關博頓（Bolton）積極傾聽的注意技巧、追隨技巧、反映技巧，敬請參閱陳皎眉（民102），《人際關係與人際溝通》（二版），台北市：雙葉書廊。以及DeVito (2013), The Interpersonal Communication Book (13th ed), NY: Pearson Education。

2-6 「能聽的耳，能看的眼，都為耶和華所造的」，原文出自所羅門王箴言第20章第12節。因此，凡個人有耳可聽的，就應當聽。

2-7 有關有效傾聽的基本準則係整理自《有效傾聽的準則》，敬請參閱劉景爛《有效傾聽的準則》。

【行動作業】

請試著針對最近發生的特定事件，說明你需要怎樣透過傾聽，妥善同理對話來尊重雙方的情緒感受。

第三章　同理式傾聽

現在請坐下，舒服的坐好，

請把你的雙手，平放在你的胸前，

直到你的胸口微微溫熱，你的手心感覺得到溫暖。

你開始察覺到你內心的愛。

這份心中的愛，就是你傾聽你自己，你感受你自己。

現在請告訴你自己，這一份愛是屬於你自己的。

讓這一份愛緩緩流進你的心底，沒有別人能夠奪走。

任何挫折、失望都不能夠破壞這一份愛，這一份愛是不可毀壞的。

這一份愛是上帝賜給你的，請用感恩的心領受它。

請接著傾聽、享受這一份愛所帶來的溫暖，讓它和你的明亮內心交會。

在這裡請繼續堅持下去，你便能獲得上帝永恆的歸屬感，誰也不能奪去。

　　本章繼續將溝通的焦點置於「聽」的層面。在聽的方面，溝通首重傾聽，原先的發訊者在說話後，收訊者透過聆聽發訊者的話語，展現關懷對方的態度，可使關懷獲得加乘的效果。這時需要同理式聆聽，要聽出對方沒有說出來的話語、想法、心情和感受，並且要敏銳對方的感受，並且能夠透過同理心，將他的心聲說出來。如此的感同身受的傾聽，便可贏得對

方的尊重與信任。例如，父母在家中做好積極聆聽，願意專心聆聽，瞭解孩子的心聲，讓孩子感受到父母親重視他們。因為在未聽完就先回答的，就是他的愚昧和羞辱【3-1】。

同理式聆聽需要先聽出對方沒有說出來的話語、想法、心情和感受。

本章以下內容為方便說明起見，將傾聽者皆以收訊者來稱呼，而說話者則以發訊者稱呼，並不再重覆說明，特此聲明。

同理式傾聽（**empathy communication**）是以收訊者的角色出發，站在發訊者的立場，以傾聽為核心，運用適當的同理動作，在心態上感同身受，瞭解發訊者心中的感受，和發訊者在同一國【3-2】，進而將關懷分享出去，藉以達到愛心分享的結果，藉由同理心，自然達到愈傾聽愈幸福的豐收景象。同理心傾聽能夠提升對他人情緒感受的敏感度，在提升傾聽的效益上十分重要。

3.1　感受情緒

透過用心和用情的真心聽，可使收訊者跨越人際鴻溝，和發訊者站在同一陣線上，也就是和發訊者同國，對發訊者進行有情內心的傾聽。

【問得好】你要怎樣使用有情傾聽，來聽你同事的說話？

同理式傾聽包括感受情緒、移轉角色和同心共情三個步驟，同理式傾聽如圖3-1所示，本節先說明有情傾聽：

圖3-1　同理心傾聽的内涵

資料來源：整理修改自卡内基訓練機構。

　　感受情緒即包括用心感受與多方傾聽兩部分，如圖3-2所示，茲說明如下：

圖3-2　感受情緒的兩個部分

一、用心感受

　　感受情緒就是「用心、用情，感受對方情緒的聽」，此時是用心感

受，感受傾聽發訊者的情感流露。專心聽、用心聽、用情感來聽、有情感的聽出發訊者的情緒流向與真正需要。當收訊者願意用心感受發訊者的情緒，就表示願意關心發訊者活生生的這個人，對發訊者這個人周遭所經歷的一切事情，都有濃厚的興趣。這樣收訊者才能夠真正關心發訊者，專心「聽」出發訊者現在到底發生什麼事情，以及現在的情緒狀態。即收訊者用一種「專注且聽心」的態度，逐漸進入發訊者的主觀情感世界中。

這時收訊者的傾聽態度需要清楚展現，這時有幾種感受的方式，說明如下：

(一) 邀請對方繼續說話

用心感受中，最基本的方式即是邀請對方繼續說話，鼓勵發訊者持續說下去，表示收訊者想要多知道一些，想要多瞭解這件事情的發展始末。例如：

> 「然後呢？」「還有呢？」「再來呢？」
> 「現在情況怎麼了？」
> 「這件事情後來怎麼發展？」
> 「現在請你務必告訴我，那邊到底是發生了什麼事？」
> 「情況到底怎麼了，你的真正需要是什麼？」
> 「不是這樣的喔，看你眉頭深鎖、悶悶不樂，到底發生什麼事情？」

(二) 表示個人的位置

用心感受中，一項增強的方式即是表示收訊者現在所處的位置，以支持發訊者持續說下去的心情。例如：

> 「我現在就活生生的站在你面前。」

「我就待在你身邊，陪著你，等著聽你說話。」

「我想要連結你心中的想法。」

「我對你這幾天所發生的事情，很想知道。」

「我對你心中上下起伏的心情，很有興趣，真心的感到興趣。」

(三) 宣告合作的意圖

用心感受中，一種高級的方式即是宣告雙方的合作意圖，收訊者向發訊者表達善意，願意共同努力下去的意志，來邀請發訊者續續說下去。例如：

「讓我們一起找出，可以滿足你心中需要的方法。」

「讓我們站在一起，共同把這件事情做好。」

「讓我們一起來做點事，使你的生活變得更好。」

也只有在上述情況下，收訊者方能啟動和發訊者內心的對話，有機會體會發訊者的真實感受和真正需要，給予真心回應，完成用心傾聽。

二、多方傾聽

此時的感受情緒過程，收訊者亦需要做到以下的多方**傾聽**（**multiple listening**），茲說明於後：

1. 專注傾聽（intensity listening）：專注在發訊者的情緒展現上，發現情緒流露、辯識情緒種類，做到讓發訊者覺得收訊者願意專心聽他將話全部說完，然後才提出自己的看法。

2. 憐憫傾聽（empathy listening）：當發現發訊者的情緒流露時，收訊者需要做到以一顆憐憫他人的心來傾聽，讓發訊者心中感覺到安全，同時也接納發訊者的心情。

3. 接納傾聽（acceptance listening）：當發現發訊者的情緒流露時，收訊者需要做到表示開放和接納的傾聽，讓發訊者心中感覺到收訊者是和他站在同一條陣線的，並且願意接受發訊者的意見。

4. 察覺傾聽（detection listening）：收訊者需要做到能夠察覺到任何特殊訊號的傾聽，收訊者能夠聽出發訊者話語中的真正感受和想法。特別是非語言的訊息、身體語言的訊息等。

5. 負責任傾聽（take responsibility listening）：收訊者需要做到確實負起責任，全然回應發訊者的情緒流露，即收訊者在聽完發訊者將話說完後，絕不會放手不管，而是對收訊者所說的意見，能夠說到做到，負完全責任。這樣便是做到同理心傾聽。例如：

「由你說的話聽起來，你似乎很掛心這一件事情。」
「聽起來你有些不耐煩，因為你希望這件事情，有人出面關心。」
「聽起來你很擔心，因為你以為這樣下去一定會出事。」
「在這個時候，我相信你一定很擔心他現在的安危。」
「你現在感到很害怕，覺得沒有人保護你，是嗎？」
「所以，你覺得很不公平，你需要有人來主持公道。」
「我感覺出來你有一點緊張和害怕，你害怕自己表現不好。」
「你看起來很失望，你看重工作能夠準時做完，不是嗎？」

準此，要做好溝通管理，傾聽是必經之路。此時需聽出對方最近發生的事情，並且過濾對方的個人評斷。進而體會對方的真實感受和需要，同時過濾對方的個人想法，以及連帶產生的指責聲浪。並接住對方提出的幫助請求，以及不被對方命令的口吻所激怒。記得：「回答柔和，使怒消退；言語暴戾，觸動怒氣【3-3】。」只有透過溝通管理，才能孕育真正

溝通，此是建立美好人際關係的起步。

3.2 移轉角色

移轉角色的傾聽就是「傾聽加上辨識」，轉移情感到對方身上來聽，即轉換角度，站在對方角度來聆聽、思考，並感同身受。

【問得好】你要怎樣使用換位思考，來聆聽並對你的家人說一兩句話？

移轉角色傾聽就是「傾聽加上辨識」，收訊者轉移情感到發訊者身上，換位來思考，即轉換角度，進行角色移情，站在發訊者的角度來思想，做到感同身受。移情傾聽包括三種形式的轉換，即角色轉換、同理心轉換與情感移入轉換，如圖3-3所示，說明如下：

圖3-3　移轉角色的三個轉換

一、角色轉換

當收訊者站在發訊者立場或角度來看事情時，就代表收訊者願意暫時放下優越的自我位階，將發訊者實實在在的生活經驗，直接灌注到收訊者思維中。去想如果收訊者有像發訊者這樣的成長背景和生活經驗時，是否也是這樣做，甚至認同發訊者這樣的做法是合宜的，從而認同發訊者這個

人。

　換句話說，這時是透過「換位思考」的角色轉換方式，傾聽、體會發訊者的心情、感動、情緒、感受。並將收訊者自己想像成發訊者，想像自己基於哪種心理，基於哪種環境條件，才導致這種做法的發生，進而觸發這個事件。這時若是能夠完全換位，站在發訊者立場思考，全然感同身受，抓住對方心中真正的心情，必定能夠踏進增強雙方友誼關係的坦途【3-4】。因為一顆溫暖的心，並接納對方的軟弱，會給對方很大的安全感和信任感，使他願意卸下心防，分享心中的秘密，我們因此能聽到對方的心聲。如此便能和對方同心，連結對方的內心，建立深層的人際關係。正如「人心憂慮，屈而不伸；一句良言，使心歡樂【3-5】。」

　一顆溫暖的心，並接納對方的軟弱，會給對方很大的安全感和信任感。

二、同理心轉換

　在角色轉換之後，便可展開同理心轉換，此時即需確認以下幾個問題，包括對方看到了什麼？對方聽到了什麼？對方真正的想法和感覺是什麼？對方說了什麼話、對方做了什麼事？對方的痛苦是什麼？對方得到些什麼好處？此六點即為同理心的六個層面，為同理心地圖（**empathy map**）的主體【3-6】，茲說明如下：

(一) **對方看到了什麼？**

　描繪對方在他所處的環境中，他所看到的一切。包括報章雜誌、媒體網路、親朋好友（Line和臉書）、實體市場、寰宇旅遊等提供的訊息。

(二) **對方聽到了什麼？**

　描繪對方在他所處的環境中，他所聽見的一切。即外在環境如何影響對方。包括上司說的、父母說的、配偶說的、朋友說的、競爭對手說的、

其他重要人士說的等說出的話語。

(三) 對方真正的想法和感覺是什麼？

試著描繪出在這種情境下，對方內心的真正想法。包括真正重要的事情、心中最關注的事情、最感到憂慮和擔心的事情、心中渴望獲得的事物等，由當中所滋生的心中想法和感受。

(四) 對方說了什麼話、對方做了什麼事？

想像對方可能會說些什麼，會做些什麼，也就是對方當下可能會有哪些行為。包括他的外表與穿著、在公眾場合的發言、在重要場合的態度、對待他人的行動等行為舉止。

(五) 對方的痛苦是什麼？

感受一下對方的痛苦，可能是擔心事情的發展無法控制、恐懼會發生的事情、令人困惑的事物，或面對橫亙在前的阻礙等。

(六) 對方得到些什麼好處？

感受一下對方獲得哪些好處，包括有形和無形利益。可能是某些想要得到的利益，或是需要獲得的利益。這些利益是對方眼中的成功嗎？或是仍然有若干障礙在其中，它們是什麼。

三、情感移入轉換

在移情傾聽的當下，要發揮有效的傾聽力，傾聽並不僅是言語字句本身，而是要超越話語背後的情感面，也就是要傾聽出發訊者的情感。因為真正的訊息通常是話語底下的情緒感受。因此收訊者要傾聽發訊者的話語、聲音、手勢、經驗、行為等身體語言。若發訊者覺得在情感上被收訊者支持和瞭解，發訊者便會在心中感受到被關愛、被觸摸。因此當收訊者用情感傾聽發訊者，並且用情感和發訊者接近時，便能夠直通發訊者的情感內部，瞭解發訊者的情感內容，形成情感式傾聽。

要進行情感移入轉換，方能聽出發訊者話語背後的心情，說明如下：

首先收訊者要問自己：

「發訊者的這句話語，對他的心情感受發生哪種撞擊？」

當收訊者開始用情感來思想發訊者話語的內容，乃至於發訊者當下的心情時，收訊者便已經站在情感傾聽的大門口，很能夠抓到發訊者說這句話的真正用意，聽出他的心情，他的感動、他的情緒。

例如，當發訊者額頭深鎖，緩緩地說道：

「我覺得大學畢業生不應該只能領22K薪水，我認為他們也不應該跑到東南亞地區去打工。」

這時發訊者的心情應該是「我很擔心臺灣現在大學生的競爭力，也擔心東南亞國家的經濟發展比臺灣快速。」

這是超越外在言語的字句，會直通內心的心情和感動。

此時，收訊者若能「聽見」發訊者的心情感受，發訊者便能以自己的感覺，來附和對方的感動，預備移情，即對發訊者說：

「哦！我看得出來，你真的不太快樂喔（或其他情感語句）！」

這時，若收訊者能進一步試著向發訊者表達以下言語：

「我在乎你的感受！因為你是我的最好的朋友，」

這樣的溫柔話語能夠使發訊者感到被人關心，就能加速情感傾聽的舞步，進到直通發訊者內心的有情傾聽。

同時，收訊者可以再試著探索自己的內心，問問自己：

「現在對方覺得怎麼樣呢？」

透過這樣的一句話，收訊者能夠檢驗情感傾聽的成果，探究發訊者內心的感動。再啟動收訊者的情感來觸動發訊者的心房，便能夠感同身受，在情感上和發訊者處在同一個國度。

這時，收訊者的內心便會出現許多感覺，如泉水般湧流出來，收訊者便會開始觸碰發訊者的情緒（例如，擔心、害怕、緊張、痛苦、厭惡等），也在霎那間進入發訊者的感覺，因此能夠設身處來體會對方心情。此時，收訊者自然會進入流暢的有情傾聽。

這時收訊者便有感而發，從心底嘆聲一口氣，說：

「我看得出來，這件事情大大傷害你，這件事情已經讓你遭受到很大的打擊。」又接著說：「我真的很在乎你的感覺，我很在乎你現在有不好的感受。」

也只有當收訊者瞭解發訊者的感覺，收訊者方能真正面對發訊者的難題，做好有情傾聽。

也只有當收訊者瞭解發訊者的感覺，收訊者方能真正面對發訊者的難題，做好有情傾聽。

3.3 同心共情

共情即「同心」，共同進入對方情感世界中，即聽出對方內心的真正情感，同心並同理對方。

【問得好】你要怎樣使用共情聆聽，來和你的朋友對話？

一、共同情感

同心共情即「共情」，收訊者共情同心，共同進入發訊者的情感世界中，即說出發訊者內心的眞正情愫，眞心並同理發訊者。

收訊者透過「簡述語意」的共情語言，在聆聽後簡短表達收訊者瞭解發訊者的心情、感動、情緒、感受，藉此面對發訊者的內心，從事內心世界的深度探索。並且接納發訊者現在的心情，諒解該事件發生後的感受和事件背後的因果關係。這時收訊者是和發訊者眞正的同心且合意，共同踏上此段生命路程。

在同理發訊者話語時，是藉由傾聽和辨識過程，做好同理發訊者的基礎工程。這時，收訊者若能透過共情聆聽，和發訊者進入深度的心靈互動，正由於和發訊者的內心產生共鳴，才算是達到共情聆聽。這時收訊者需將心比心，易地而處，同理發訊者的心情。因爲在發訊者分享自己或他人事情時，通常都會引起收訊者想分享自身事物的慾望，這時收訊者需學習放下自己的發表慾，學習傾聽發訊者的經驗，讓發訊者覺得收訊者是和他站在同一邊，收訊者會和他共同面對此事，最後再找機會分享自己的意見。這樣的共情聆聽方式，能夠給發訊者相當大安全感，達成同理心傾聽。

例如：當對方沉迷網路遊戲時，我們不宜直接阻止對方，因爲這招無效。反而需站在對方立場，移情傾聽，和對方的內心對話如下：

「我學到一件事，就是你已經把電動玩具和網路遊戲，都做得很厲害、很熟練。」

「我也知道打電動玩具和網路遊戲，是你現在能做的事情當中，做得

最好、最棒的一件。」

「因爲打電動玩具和網路遊戲，可以好好滿足你心中的需要。」

「你可以告訴我打電動玩具和網路遊戲，會滿足你那些的需要？」

「讓我們一起來想一想，是不是還有其他的辦法，同樣也可以滿足你的需要，但可以付出比較小的代價。」

也只有透過這樣的移情傾聽的辨識對話，方能讓發訊者放下武裝，卸除心防，願意和收訊者開始對話，如此一來，眞正同理和行爲改變方可能產生。理由是收訊者站在發訊者的立場即代表謙虛，願意放下自己的成見和傲慢。

泰戈爾說：「當我們大大謙卑的時候，便是開始接近偉大的時刻。」卡內基也說：「在人生的道路上若能謙讓三分，便能使天空寬、地表闊，消除困難，解除糾葛。」此值得深思。

二、同理心傾聽

最後，若收訊者能夠做好同理心傾聽，深信就算遇到大衝突，大裂痕，也能夠縫合恢復，有辦法復合。例如以下的例證：

有一天，志明也不知道怎麼一回事，整個人覺得不對勁，覺得渾身無力，無精打采，病懨懨的。妻子春嬌見到志明如此狼狽，便探過頭來問說：

「怎麼樣了，看你氣色很不好，整個人不太快樂。」

「是啊！」「今天實在是糟糕透頂！」志明回應說。

「來！說說看，到底發生什麼事情，」春嬌關心的問著，

「小張今天很差勁，自己做錯事情，還對我大小聲！」志明提高音量說話。

「聽起來你感覺很不舒服，覺得自己很委屈，」春嬌同理的探詢著，

「豈有此理，自己沒有做好，還推拖責任，」志明生氣的說，

「你覺得很不公平！對於這樣一件事情，你很生氣，」春嬌同理的說，

「對啊，真是令我生氣，」志明同時大力摔出一粒枕頭，心裡頓時覺得好爽。

「再說，看你的眼睛，好像還有一些事情沒有說，」春嬌繼續接著問道，試著同理志明的內心。

「喔，妳也看出來了，事實上，這一件事情被我搞砸了；」志明無力的說。

「是怎麼一回事，你能不能多說一點，」春嬌繼續同理著，

「我好擔心，這一件事情我完全搞砸了，我害怕我做不好，我不好；」這時志明的話語帶著陣陣的顫抖。

「不！不！不！這一件事情跟你完全沒有關係，對不對？」春嬌說，

「老公，你仔細想一想，這一件事情根本不是你的事，是別人的事情。不需要你來負責任，而是應該由別人來負責，」春嬌的話語清楚而有力，使志明茅塞頓開。

「真的嗎，這不關我的事，我也不用為它負責任，是我管過頭」，志明語氣輕鬆，快樂的說。

「對啊，你只是扮演幫忙的角色，事實上，應該負起責任的人是小張，而不是你！」現在春嬌這麼一說，志明終於聽懂了，

「唔，唔，」志明用力的點點頭，

「對了，再提醒你一下，你也不要再罵你自己。」春嬌提醒說，

「事實上，這一件事情做得好與不好，跟你一點關係都沒有，你要把你自己和這一件事情，好好切割乾淨。」春嬌繼續說，

好像如五雷灌頂一般，志明突然覺得耳聰目明起來，全身重擔整個消除，原來，志明給自己加上許多無謂的重擔。

這時志明整個人十分輕鬆，全身舒爽，志明更自由自在的唱起歌，讚美上帝的奇妙大能。

這時，完成【行動作業】是不錯的嘗試，可以具體學習怎樣進行同理心傾聽，並建立起深度的傾聽能力。

【智慧語錄】

如果你擁有某種權力，那不算什麼；如果你擁有一顆富於同情的心，那你就會獲得許多權力所無法獲得的人心。

　　　　——卡內基（Dale Carnegie），人際溝通專家，創立卡內基溝通訓練

眼睛不能看到你，因為你是眼睛中的瞳仁；心靈不能瞭解你，因為你是內心深處的秘密。

　　　　　　　　——泰戈爾（Robindronath Thakur），文學家，

　　　　　　　　　　《新月集》與《園丁集》詩作者

【本章註釋】

3-1 「在未聽完就先回答的,就是他的愚昧和羞辱。」出自所羅門王箴言第18章第13節。

3-2 有關同理心應用的內容,敬請參閱蕭美惠、林家誼譯(民101),《改變一生的人際溝通法則》,卡內基訓練機構,台北市:商周出版。

3-3 「回答柔和,使怒消退;言語暴戾,觸動怒氣」,原文出自所羅門王箴言第15章第1節。

3-4 敬請參閱鄭玉英、范瑞薇譯(民98),《辛克深度靈修之路》,約格·辛克著,台北市:南與北文化。

3-5 「人心憂慮,屈而不伸;一句良言,使心歡樂。」,原文出自所羅門王箴言第12章第25節。

3-6 有關同理心地圖的說明,敬請參閱尤傳莉譯(民101),《獲利世代》,奧斯瓦爾德、比紐赫著,台北市:早安財經文化。

【行動作業】

請試著針對最近發生的特定事件，說明你需要怎樣透過同理式傾聽，妥善同理對話來尊重對方的情緒感受。

第四章　提問管理

【白雲漫步】

請你站直，抬頭挺胸，舉起右手，做出祝福手勢。

將右手高舉向上，手掌打開向前，用它傳達你的祝福。

祝福你在新的說話旅程中將會碰到的事情，

相信上帝的祝福會經由你的提問，流向周遭的事情，

祝福你手中的工作，以及你想要做的事情，

然後你就會信心充滿的進入新的提問旅程。

試著用舉手祝福儀式開始每天的溝通，

把這份祝福送到你的家庭，你的學校，你的工作場所中，

然後你就會用完全不同的心態，度過每一天。

你會發現，你走過的地方都是被祝福的，

你碰到的每個人也是帶著你滿滿的祝福的，

最後，你的祝福自然會回到你自己身上。

4.1 培養提問能力

「提問」、「說話」、「聆聽」、「再問」等四個環節，共同構成雙方溝通對話的黃金階梯。

【問得好】提問時你會想問些什麼？還是你只想說給別人聽？

　　前已提及，溝通是「聽與說」，溝通對話的開始是「我聽、你說」。
而為要形成「我聽你說」的局勢，除對方先行說話外，發訊人（我）必須
要先提問，提出一個問題，以做好預備（傾聽），收訊人（對方）的回答
（說話），這就啟動溝通對話的進行。因此，發訊人的「提問能力」便十
分重要，故成為本章的主題。

　　發訊人與收訊人之間的溝通與對話，若依據發生時間的先後，可包括
兩種不同的型式。即低姿態的「我問你聽且你說我聽型」，以及高姿態的
「我說你聽型」，茲說明如下：

一、低姿態的我問你聽且你說我聽型

　　在低姿態的「我問你聽」且「你說我聽」型，是發訊者願意謙虛自
己，並向對方拋出友誼花束的溝通方式。此時過程依序包括「提問」、
「傾聽」、「說話」、「傾聽」、「再問」等五個環節。說明如下：

**低姿態的「我問你聽」且「你說我聽」型，過程依序包括「提問」、「傾
聽」、「說話」、「傾聽」、「再問」等五個環節。**

(一) 提問

　　「提問」（**asking**）在此時為溝通的第一步，發訊者係透過提問來開
啟對話。此時發訊者並不直接說話，而是透過提問來代替說話。基於提問
在本質上具有「下對上」的意涵，因為發訊者在「提問」的時候，代表某
些事情收訊者知道，而發訊者卻不知道，所以發訊者向收訊者「提問」，
希望收訊者能為發訊者解惑。

(二) 傾聽

　　「傾聽」在此時為溝通的第二步，提問人（原發訊者）係透過傾聽
來承接提問後的動作。此時提問人係透過聆聽提問來接收訊息。基於傾聽

的本質和提問相近，亦為「下對上」的涵意，因為提問人在「聆聽」的時候，代表這件事情提問人不知道，而對方卻知道，所以提問人向對方「聆聽」，希望能夠學習到某些新知。

(三) 說話

「說話」在此時為溝通的第三步，收訊者聆聽完發訊者的提問後，開始轉成以發訊者身分來說話，回答此一提問。基於說話的本質具有「上對下」的意涵，因為此時發訊者在「說話」的時候，是指出有某些事情收訊者應該要知道，但是收訊者你卻不知道，所以我發訊者「說話」給你來知道。於是，說話人擁有話語權力和知識力量。

(四) 傾聽

「傾聽」在此時為溝通的第四步，收訊者係透過傾聽來接收訊息。此時收訊者在傾聽後可以直接說話或提出提問，是為再問。此時收訊者如直接說話則是再回到步驟三的情形；收訊者如提出提問則進入到步驟五。

(五) 再問

「再問」在此時為溝通的第五步，收訊者透過持續的再提問，來接續彼此間的溝通努力，使溝通不致於中斷。再問的本質係與「提問」相同，具有「下對上」的意涵。透過「再問」的謙卑姿態，使得對方能夠繼續「說話」，而收訊者繼續「聆聽」，藉之逐步建立雙方互信，進而增強彼此的人際關係。

二、高姿態的我說你聽型

在高姿態的「我說你聽」型，是發訊者高度自信，向對方銷售個人意見的溝通方式。即發訊人說話並由收訊人聆聽的情況，此時係直接跳入上述的第三步「說話」，和第四步「傾聽」的情形，並非有效溝通的方式，故在此不予贅述。

提問為對話中的第一道動作，因此，提問可說是溝通的發軔，其重

要性不言而喻。然而,在當今社會中,我們大多認爲達成任務重於建立關係,因此,不願意開口提問來示弱,甚至表示自己無知,於是能夠不提問就盡量不提問。這樣一來,無形中已經失去許多建立關係的機會,甚至間接導致「沒關係就有關係」的不利情形,可說是得不償失。

在提問的時候,若是回歸提問的本質,把話語權交到對方的手上,這時對方可以選擇善待(幫助)我,或惡待(傷害)我。

在提問的當下,即表示提問人向對方示好、示弱,透露出「我想聽你說話」的訊息。但是,就在這個時候,提問人已開啓建立關係的大門【4-1】。因爲首先是提問人自行打開自己的內心,藉由提問表達自己對某個人或某件事情的關心,而此時若對方沒有藉機欺負提問方,或忽略所提問的問題;反而提供所需的支援,在提問人仔細傾聽對方回答的當下,提問人便開始對對方生成某些的信任。換句話說,提問人藉提問的「投資」動作,投資關心與專注,並獲得對方告知有用訊息的「回報」,心中產生感謝心情,從而產生信任。

同樣地,對方也提問某項問題,並獲得我方善意回應。即藉由關心、專注、資訊交換的三階段程序完成問與答,而透過數回合有問有答的良性循環,雙方遂逐步建立互信的關係。

4.2 利他式提問

只有在利他性提問,提問的用意是爲他人謀取福利,想要使他人獲得利益,此種提問才會開啓對話,也開始建立關係。

【問得好】提問時你會不會反而給別人壓力?

要做好尊重式溝通，需要從懂得如何提問來開始。提問，不應該只是為了滿足自己的好奇心，而是為著要幫助彼此對話的人。做好提問，會使個人的人際溝通不再有障礙，並且能成為別人的好夥伴，成就好人緣，進而促成工作上的好業績。

提問，不應該只是為了滿足自己的好奇心，而是為著要幫助彼此對話的人。

一、三種提問類型

為做好提問的工作，需要先行瞭解提問的基本類型。若從提問後的回答畫分，提問可細分成三種類型，即是非型問句、選擇型問句和問答型問句，如圖4-1所示。茲說明如下：

圖4-1　三種提問類型

(一) 是非型問句

是非型問句又稱「yes、no問句」，即在提問後，對方只能回答「是」或「否」，故可稱為速答式提問。即對方可以很快速，很簡單的答覆，無庸費心思考，構思如何回答，故十分適合當做雙方對話的開始問句。例如：

「你吃早餐了沒？」

「你最近有沒有看見李主任？」

「這份提案你禮拜三可以完成嗎？」

「你下禮拜一可以來三峽一趟嗎？」等。

　　然而必須指出的是，是非型問句十分容易形成強制性回答「是」的結果，即成為指令式問句。例如：

「現在馬上給我回房間！」

「現在馬上關燈，給我上床睡覺！」

　　此時對方固然容易回答，但卻不宜用在瞭解對方想法的深入溝通，或探究問題本質的議題討論中，此時即適合選用問答型問句。

(二) 選擇型問句

　　選擇型問句又稱「A、B、C問句」，即在提問後，事先預備好兩個或兩個以上的選項，提供對方選擇。此時提問人需事先在腦中模擬選項，以限縮對方回答的範圍。此法適用在希望對方能進行若干思考，卻期望對方能快速回答時。例如：

「你現在要回你的房間，還是到書房來？」

「你想要去哪裡吃午餐？麥當勞、爭鮮壽司或鼎泰豐？」

「你什麼時候可以來三峽一趟？本週五、下週一，或下週三？」

「你下午想要做什麼？看威秀電影？逛微風百貨？去深坑老街？或宅在家中？」等。

　　基本上，選擇型問句具有涵括是非型問句的省時，以及問答型問句的多方思考的優點，為一優質性提問。然提問人需要事先備妥若干選項，特別是合適對方的選項，以利進行提問，是為必須付出的時間成本。但是，若提問人願意自行吸收此項成本，則選擇型問題便可節省對方時間，並為對方設想，故為一種利他式提問，值得提問人採用。

(三) 問答型問句

　　問答型問句即提出開放性的問題，供對方廣泛思考後回答，故又稱開放式問句。問答型問句可擴展對方的思考空間，並在開放性的思辯後，引導對方採取自發性的行動，是為其優點。然而問答型問句費時費力，且無法預測對方回答的方向和範圍，是為其當付的代價。例如：

　　　　「你中午想要吃什麼？」
　　　　「你下午想要做什麼？」
　　　　「請問你現在要去哪裡？」
　　　　「請問你的想法是什麼？」
　　　　「現在我們應該怎麼做呢？」
　　　　「這件事情你打算怎麼辦？」等。

　　這時，問答型問題能夠促成深入溝通，探究問題的核心，並進行理性思辯與學術研究，故稱「發想式提問」，此經常見於會議討論、課室發問和事務研討中，具有其一定程度的功能。

　　提問人要善用開放式和選擇式的問句。如此除可減少對方的心裡抗拒感，並且可以引導對方想出解決的辦法，進而讓對方學習承擔責任，勇於面對問題，表裡一致的去解決問題。

二、從利己提問到利他提問

　　若從提問的動機來區分，提問可分成利己提問、中性提問、利他提問三大類。各分類更涵括兩項子方式。故此時提問的類型即包括三種提問類型和六種提問方式，即型一的利己提問（包括命令式提問和質問式提問）；型二的中性提問（包括疑問式提問和考題式提問）；型三的利他提問（包括問候式提問和尊重式提問）【4-2】。如圖4-2所示，茲說明如下：

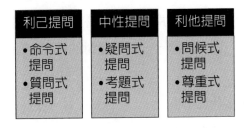

圖4-2　三種提問類型和六種提問方式

(一) 利己提問

　　型一是利己提問，即以自我中心的出發點，具自利動機的發問，其包括命令式提問和質問式提問兩種子方式，說明如下：

　　1. 命令式提問：命令式提問和考題式提問十分類似，提問人係透過命令式提問來下達命令，這時通常僅有一個答案，並做為命令的包裝形式。例如：

　　主管對部屬說：「你可以在三天內完成這個提案吧？」
　　或老師對學生說：「下週上課時你們可以交這份作業吧？」

2. 質問式提問：質問式提問係透過問「為什麼」來提問，為要追究對方的責任，其較諸命令式提問更加強烈、堅銳，這個時候會給對方莫大壓力，造成關係緊張。例如：

「你為什麼要欺負弟弟？」

「你為什麼沒有繳交報告？」

「你為什麼不去學校上課？」

「你今天為什麼遲到？」等。

(二) 中性提問

型二是中性提問，即以中立第三者的角度來提問，其自利動機的色彩較為薄弱，其包括疑問式提問和考題式提問兩種子方式，說明如下：

1. 疑問式提問：提問人透過疑問式提問來獲得若干資訊，以滿足提問人的需要，或解決大家的困惑。通常這種提問最為常見，而占各種提問的最大部分。例如：

「什麼樣的西瓜比較甜？」

「請問往台北火車站要怎麼走？」

「明天上午的天氣怎樣？」

「公館夜市的哪一家餐廳最好吃？」等。

2. 考題式提問：透過考題式提問，提問人能夠測驗對方的知識水平，同樣的，考題式提問係為要滿足提問人的期望，或滿足大家的疑問。這時通常僅有一個標準答案。例如：

「國立台北大學的校長是誰？」

「捷運板南線到不到內湖美麗華百貨？」

「諾羅病毒是什麼東西？」

「這家餐廳的招牌菜是什麼？」等。

(三) 利他提問

型三是利他性提問，係以他人爲中心出發點，具備他利動機的提問，其包括問候式提問和尊重式提問兩種子方式，說明如下：

1. 問候式提問：提問人係透過問候式提問來開啓雙方的對話，期望能關懷對方，這時提問人是站在對方的立場來提問，期望能夠多瞭解對方。例如：

「你最近在忙些什麼呀？」

「你近來好嗎？」

「這些日子你的心情如何？」

「這裡發生了什麼事？」

「什麼事情讓大家這麼開心呀？」

「現在情況如何？」等。

2. 尊重式提問：提問人係透過尊重式提問來知道對方的想法，知道對方所看重的地方，進而能夠適時幫助對方。這是站在對方立場來思考的優良提問。例如：

「這件事情應該感謝誰呢？」

「這裡面誰的功勞最大呢？」

「如果要提高業績，我們可以怎麼做呢？」

「如果不要遲到，你有什麼好方法呢？」等。

三、提問效率性

一個有效率的提問，需要清楚、具體指出事情的核心，以利對方回答。因此，要檢驗提問是否為好的提問，松田充弘指出，可由以下兩個層面來入手，即重要性程度和精確性程度【4-3】。茲說明如下：

(一) 重要性程度

重要性程度是指提問內容是否切中事物的本質，是否直指事務的精華。重要性係涵括由核心到邊陲的光譜，是構成個人認知的主觀成分。就提問而言，此時重要性有兩者：

1. 對方內心的所想：指對方心中的真正想法，心中到底在想些什麼。這時提問人需要先專心傾聽對方的說話，才能知道對方的真正想法。而非提問方自己認為的想法，即自以為是的判斷。例如：

「關於張先生或李先生，你比較欣賞哪一位？」

「發生這件事情，你真正的想法是什麼呢？」

2. 對方內心的所要：指對方心中的真正企圖，心中到底要追求什麼。這時提問人需要探索對方想要追求的事物，找出對方的未滿足需求（unmet demand）。例如：

「在這個時間點，你會向對方告白嗎？」

「這件事情之後，你的下一步計畫是什麼？」

(二) 精確性程度

精確性程度是指提問內容是否具體明確，是否能夠用數字衡量。精確性係涵括由明確到模糊的光譜，而構成認知的客觀成分。就提問而言，此時精確性亦有兩者：

1. 精確的時空環境：指準確的時間點和明確的地點，說明外在環境的定點。例如：

「你準備多久之後結婚呢？又會在哪個城市結婚呢？」

2. 精確的人事物主體：指準確的特定人事物描繪，說明系統主體的內容。例如：

「對於小張這個人，你的看法是什麼呢？」

四、提問方格

在此二層面下，便形成提問方格，其包括四個提問象限，茲說明如下：

(一) 重要性高且精確性高

首先是重要性高且精確性高，此為優質提問，自然會獲得優質回答。以詢問對方的生涯規劃為例，即為：

「對你和你的家人來說，你覺得在五年後，過怎樣的生活才算是幸福？」另以詢問對方行銷業務的進展情形為例，則是：

「如果想要讓顧客滿意，提高一成業績，你未來一個月想要做些什麼努力？」

(二) 重要性高但精確性低

再者是重要性高但精確性低，此為大方向提問，可獲得策略性回答。同前例，即是：

「對你和你的家人來說，你覺得怎樣的生活才算是幸福？」以及

「要提高業績，你想要怎麼努力？」

(三) 重要性低但精確性高

三者是重要性低但精確性高：此為明確式提問，可獲得明確性回答。同前例，即是：

「如果你有一千萬元，你想要做什麼？」以及

「你未來一個月想要努力做些什麼事？」

(四) 重要性低且精確性低

最後是重要性低且精確性低：此為盲目提問，自然獲得盲目回答。同前例，即是：

「你的下一個目標是什麼？」以及

「你有沒有繼續努力不懈呢？」

4.3 尊重式提問

在尊重式提問，提問的用意是表示你尊我卑，想要向他人請益學習，這時

有效對話最容易開啓，最能建立關係。

【問得好】提問時你會想問些什麼？還是你只想說給別人聽？

一、三種尊重型式

在利他提問中，尊重式提問最能建立關係，擴展人脈，故本章特闢專節說明。

尊重（respect and humility）意指尊敬對方，將對方置於高處，並將自己降至低處。或是將對方升上較高的地位，自己反處於較低的地位。這個時候夏恩（Schein）指出，有三種形式的尊重，即基本性尊重、臨場性尊重、選擇性尊重【4-4】，如圖4-3所示，茲說明如下：

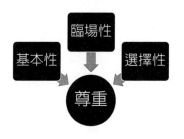

圖4-3　三種形式的尊重

1. 基本性尊重（basic humility）：基本性尊重是一種社會性尊重，指現有社會中業已認可的尊卑地位。例如，尊重長輩、尊重皇室血統、尊重專業人士、尊重師尊身分等。

2. 臨場性尊重（here-and-now humility）：臨場性尊重是對於有成就、有權力、有地位人士的尊重。泰半出現在我們和某種有名望的人同台接觸時，故稱爲臨場性尊重。例如，在特並場合中，面對總統、董事長、院長、部長、主任等人時。

3. 選擇性尊重（optional humility）：選擇性尊重是當事人選擇降卑自己，願意尊重那些身分地位顯然不及他的人。是因爲當事人承認需要對方，若能透過對方的支援，便能獲得達成目標所需的技術或知識。這時當事人可以選擇尊重對方，建立關係，以協力完成任務。也可以選擇不要對方，寧可讓任務失敗也在所不惜。由於此時當事人需要調整內心的尊卑感受，故又稱調整性尊重（adjusted humility）。例如：外科醫師尊重其手術醫療團隊；廠務經理尊重其現場工程師團隊；球隊教練尊重其球隊成員；主任尊重其業務工作團隊等。

　　必須指出的是，尊重式提問係根植於對他人的關心，加上一點好奇心。這是一種渴望建立優質人際關係，想要促成美好人際溝通的態度。這是一種謙虛的態度，是透過提問人的示弱，喚起對方的助人本能。這更是一種內心的語言，無法虛偽喬裝，對方定然會感受得到的【4-5】。

尊重式提問是一種謙虛的態度，是透過提問人的示弱，喚起對方的助人本能。

二、尊重式提問

　　尊重式提問爲尊重他人的提問方式，能夠有效建立人際關係。松田充弘指出，尊重式提問（**humble inquiry**）包括狹義的尊重式提問與廣義的過程式提問兩種【4-6】，如圖4-4所示，茲說明如下：

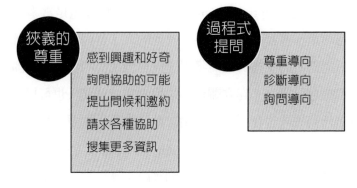

圖4-4　尊重式提問的類型

(一) 尊重式提問

　　狹義的尊重式提問的初衷就是表達關心，表示我對你這個人，和你身上所發生的事情是在乎的。而此時的尊重式提問的關心層面有五，即感到興趣和好奇、詢問協助的可能、提出問候和邀約、請求各種協助、蒐集更多的資訊。茲說明如下：

1. 感到興趣和好奇

　　關心的開端則是感興趣和好奇心，這時的興趣是從感到新鮮感和好奇心來入手，如此開啟對話則不會給對方形成壓力，也不會損及對方的自尊心，是為尊重式提問常見的起手式。常見的提問例如：

「怎麼回事？」

「現在發生什麼事了？」

「你怎麼了？」

「你怎麼會來這裡的？」

「你現在在想什麼事情？」

「這期間還有發生別的事情嗎？」

　　當然，這時提問人更可以鼓勵對方多說一些，繼續說下去，並用聆聽來表達你的關心。這時可提問如：

　　「請繼續說下去？」
　　「比方說？」
　　「所以呢？」

2. 詢問協助的可能

　　關心的第二步是尋求協助的可能性，並以具體的行動給予對方支持，並在兼顧對方面子的情形下給予適時幫助。有用的提問例如：

　　「你需要幫忙嗎？」
　　「我能夠怎麼幫你呢？」
　　「你現在需要我做些什麼嗎？」
　　「你要我做些什麼努力？」
　　「我能夠為你做些什麼呢？」

3. 問候與邀約

　　關心的落實是提出問候或邀約的行動，提供具體的邀請方案，供對方選擇。例如：

　　「怎麼樣啊，最近好嗎？」
　　「嗨！我是澤義，請問你的大名是？」
　　「中午我們一起用餐好嗎，十二點見！」
　　「後天我們一起去爬山好嗎，也找老李和小張一起去，如何？」

「請到我家來，六點半可以嗎？」

「我昨天去爬山，那你呢？」

4. 請求各種協助

關心的互助層面即是請求對方的各種協助，這是誠意邀請對方一起參與的舉動。例如：

「我這樣做，對嗎？」

「下一步是不是應該這樣做，對嗎？」

「如果我做錯了，要告訴我？」

「你能多指教一點嗎？你覺得哪裡還需要改進？」

5. 蒐集更多的資訊

關心更包括尋求搜集其他資訊的可能性，以提高決策的正確性。例如：

「你一開始怎麼會想要加入這個組織（教會）？」

「你現在想要去哪裡？」

「昨天這裡到底發生了什麼事了？」

「那你當時做了些什麼事？」

「小張已經說過了，我們是不是應該再聽他詳細說說他的理由？」

(二) 過程式提問

過程式提問（process inquiry）可視為廣義的尊重式提問，亦奉行「你尊我卑」的態度，惟其尊重的色彩較不強烈。此時即拉回對話的本身，試

圖使溝通對話能夠延續下去。其包括三個子項目：

1. 尊重導向

此時依然表示尊重與關心對方，對於他人維持一定程度的興趣與好奇心，例如：

「怎麼回事？現在怎麼了嗎？」

「我是不是問太多了？」

「我冒犯到你了嗎？我們之間沒事吧？」

「這個問題會不會太私人了？」

2. 診斷（引導）導向

此時係試圖引導對方，朝向診斷問題本身的方向發展，以發現真相，例如：

「你覺得我們之間，現在到底發生什麼問題？」

「我現在該請問你什麼呢？」

「你為什麼會用這麼特別的方式，告訴我你的感受？」

3. 詢問導向

此時係逐漸向對方提出質疑，盼望能更積極的探求真相，例如：

「你生氣了嗎？我是不是惹你生氣了？」

「我的問題是不是刺激到你了？」

「你是不是很不高興，我說錯話了嗎？」

「我剛才想告訴你我的感受，看你的表情好像很生氣？」

三、對質式提問

　　除尊重式提問外，對照尊重光譜的另一端，則是對質式提問（confront inquiry），松田充弘指出，其包括狹義的對質式提問與診斷式提問兩種，茲說明如下：

(一) 對質式提問

　　狹義的對質式提問則是在提問的過程中，進一步加入提問人的個人觀點，期能左右對方的思維判斷。這時依然是會問對方的感受和反應、問對方的原因和動機、問對方的行為和計畫、問事情的全貌和系統等四個層面。茲說明如下：

1. 質問對方的感受和反應

　　即直接審問對方的內心感受和外在的行為反應，有逼對方表態的意味，例如：

「對於對方這樣的小動作，你為什麼不生氣？」
「難道你不生氣嗎？（而非對於這種安排，你有什麼感覺）」

2. 質問對方的行為和計畫

　　即直接審問對方行動的實際內容和細部計畫，力求達到巨細靡遺，例如：

「你怎麼沒有趁此機會跟他們說些什麼？」
「你的下一步做法是什麼？」
「我們明天去看球賽如何？（而非我們明天要做什麼事）」
「你有想過要運動減肥嗎？（而非你有在控制體重嗎）」

3. 質問對方的原因和動機

即直接審問對方如此做的真正原因和背後心理動機，具追根究底企圖，例如：

「你覺得他們是因為害怕，才會這樣做？」

「你想對方是不是害怕我們了？」

「你覺得他們為什麼會這樣做？（而非他們在做些什麼事）」

4. 質問事情的全貌和系統

即直接審問整件事情的完整面貌和內容血肉，拒絕含糊帶過，例如：

「在那時的其他同學是不是都很生氣？」

「在當場的其他同學都很驚訝嗎？（而非在當場的其他同學反應為何）」

(二) 診斷式提問

診斷式提問（diagnosis inquiry）可視為廣義的質問式提問，是以醫師問診、警察訊問或檢察官審問的姿態，向對方提問以獲得重要關鍵資訊。這時提問人會問對方的感受和反應、問對方的原因和動機、問對方的行為和計畫、問事情的全貌和系統等四個層面。茲說明如下：

1. 詢問對方的感受和反應

詢問對方的感受和反應即是想要瞭解對方的身體狀態、心理狀態，以及可能的行為反應。例如：

「你身體有哪裡不舒服？」

「你現在覺得怎麼樣？」

「你那時做了些什麼事？」

「這件事情有影響到你的情緒嗎？」

2. 詢問對方的原因和動機

詢問對方的原因和動機即是想要瞭解對方的歸因形態，以及所涉及的內外在誘因條件，以及做此事的背後動機。例如：

「怎麼會這樣？」

「你為什麼會那麼想？」

「你覺得問題出在哪裡？」

「你覺得這件事情誰最應該負責任？」

「你覺得這件事情的起因會是什麼？」

「你覺得這件事情為什麼會發生？」

3. 詢問對方的行為和計畫

詢問對方的行為和計畫即是想要瞭解對方的行動內涵與計畫細節，以及可能的因應方式。例如：

「你接下來打算怎麼辦？」

「你準備怎樣應付這個危機？」

「你（或他）做了些什麼事？」

「到現在為止，你做了哪些嘗試？」

「事情是怎麼發展到這個地步的？」

4. 詢問事情的全貌和系統

詢問事情的全貌和系統即是想要瞭解整件事物的發生梗概，以及所涉及的內在功能機制。例如：

「他那時做了些什麼事？」

「你這樣做，你覺得她的感受是什麼？」

「你這麼做，你想他會有什麼感覺？」

「你要是真的這樣做，你覺得他會怎樣？」

「你要是說出你的感受，他們的反應會是怎樣？」

「你認為整件事情的來龍去脈為何？」

四、提問的澄清功能

提問還有另個具體功能，即是「澄清」（clarify），意指提問人透過提問動作，可以消除心中的「應該」假設，進而可澄清事實真相，消除可能的誤會，避免無謂的衝突。申言之，澄清動作可澄清「我應該說過！」「你應該知道！」「你應該明白我的看法！」「你應該瞭解公司的規定！」的情形，不致因誤會而發生衝突，甚至造成損失。

為達成提問的澄清功能，提問人需要藉由提問問題，逐步澄清。此時克拉克（Claeke-Epstein）指出，消除「應該」的三個步驟即是確認、聚焦、強化三者【4-7】。茲說明如下：

(一) 確認（confirm）

確認指確認式提問，即請對方再次確認現在狀況，藉此可使對方察覺他自己的需要。例如，劉主任可以確認式提問：

「陳先生，這份提案你週三以前可以完成嗎？」這時陳先生便可回

答：

「我想應該沒有問題。」來確認盲點。

(二) 聚焦（focus）

聚焦指聚焦式提問，即提醒對方注意此事，藉此可找出此事對方需關心的焦點，並思考對策，以消除對方對此事的不安感覺。例如，此時劉主任接著以聚焦式提問：

「陳先生，這份提案是不是發生了什麼狀況，所以沒有辦法在週三以前完成呢？」這時陳先生便可以回答：

「因為突然發生一些意外狀況，所以需要更多的時間。」來聚焦此一問題。

(三) 強化（reinforce）

強化指強化意識式提問，即提高對方對此事的看重程度，並提升對方的信心，藉此可提出對策，並提高事情成功的機率。例如，劉主任持續以強化意識式提問：

「那就麻煩陳先生您多費心了，也請林先生協助你，還有什麼其他原因使你沒有辦法在週三前完成呢？」這時陳先生便可以回答：

「只要多費點心思，再加上林先生的協助，所以現在沒有問題了，請您放心。」來強化對方的意識。

【智慧語錄】

　　一個人給別人的東西越多，而自己要求的越少，他就越好；一個人給別人的東西越少，而自己要求的越多，他就越壞。

——羅素（Bertrand Russell），哲學家，

《西方哲學史》、《數學原理》作者

　　如果我們想交朋友，就要先為別人做些事，那些需要花時間、體力、體貼、奉獻才能做到的事。

——卡內基（Dale Carnegie），人際溝通專家，創立卡內基溝通訓練

【本章註釋】

4-1 提問表示向對方示好和示弱，透露「我想聽你說話」的意涵，敬請參閱趙燦華譯（民94），《關係DNA》，史邁利‧蓋瑞著，美國加州：美國麥種傳道會出版。

4-2 本章有關提問的類型（三種類型和六種提問），係修改自松田充弘（Mihiro Matsuda）所提出的問題的種類，敬請參閱林詠純譯（民103），《商場上最重要的提問力》（松田充弘著），台北市：究竟出版。

4-3 有關重要性程度和精確性程度，即指事物的精華本質程度，以及客觀性的明確程度，敬請參閱林詠純譯（民103），《商場上最重要的提問力》（松田充弘著），台北市：究竟出版。

4-4 有關三種尊重型式，係由夏恩（Schein）所提出，敬請參閱徐仕美、鄭煥昇譯（民103），《最打動人心的溝通課》（艾德‧夏恩著），台北市：天下文化出版。

4-5 透過提問的示弱，以喚起對方的助人本能。此點呼應提問並非為著滿足一己的私欲，而是為著要幫助對方的初衷，這乃是提問的本質。

4-6 有關尊重式提問的關心層面，敬請參閱徐仕美、鄭煥昇譯（民103），《最打動人心的溝通課》（艾德‧夏恩著），台北市：天下文化出版。

4-7 有關提問的澄清功能，係由克拉克（Chris Claeke-Epstein）所提出，敬請參閱馮克芸譯（民98），《會問問題才能帶人》（查理斯‧克拉克著），台北市：大塊出版。

【行動作業】

請仔細回想一下，你在過去三天當中，使用過哪些類型的提問，它們分別是在什麼時機下使用。請提出三種情況的例子來說明。

第五章　肯定式提問

【朝露漫步】

現在，請你將你的雙手向前伸直，手掌打開朝上。

好像你的手捧著一個超大的盤子，表示敞開雙臂和雙手。

這時的你，好像一株樹木一樣，向天空伸展出樹枝，伸展出葉子，

這個時候，你會感覺到一股寬廣心胸和自由姿態。

然後再將你的雙手高舉，高過你的頭頂，

這個姿勢代表你的提問，特別是肯定式提問。

讓你的肯定式提問，像一道祝福暖流，進入你所關切的事情當中。

讓你的肯定式提問，更像一股祝福清泉，流入你所掛念的人心中。

透過這種肯定式提問，我們完全接納、積極處理心裡的對立面，

讓你的每次提問對話，每次的人際溝通探險，

都融入上帝滿滿的愛，

進而開始改變你和他們之間的關係。

5.1 提問前提

擁有四項全新的眼光，以及三項正向的信念，是提問人做好肯定式提問的前提條件。

【問得好】在提問時，你怎樣做到肯定式提問？

　　本章繼續將溝通的焦點置於「提問」的層面。在提問的方面，除上一章的尊重式提問外，另有肯定式提問，其能發動有效溝通，開啓有意義對話，本章即專章說明肯定式提問。

　　肯定式提問（**appreciative inquiry**）是透過提問，導引個人與個人間、個人與群體間，最美好、最正向的層面，以實現個人與群體間共同發展的提問工具。以**肯定式來發問**的方法係由庫柏里德（David Cooperrider）所提出【5-1】，重點在於進行有意義的提問和讚賞，在提問時同時有效鼓舞對方，使對方發現自己的美善之處，進而促成關係改善，成就組織關係發展。因爲小時候我們在臺灣所受的教育，業已養成先看到別人錯誤的思想習慣，而忘記欣賞業已存在的諸般優點。肯定式提問的基本精神，就是要先接受並欣賞每個人的差異，進而致力集結他人智慧，建立美善關係。

　　要執行肯定式提問，有以下兩項前提條件，即全新眼光與正向信念，如圖5-1所示。需確實做好檢查，確認爲眞，否則必將僅具外表形式而徒勞無功，茲說明如下：

圖5-1　肯定式提問的兩項前提

一、全新眼光

　　全新眼光是做好肯定式提問的第一個前提條件。肯定式提問不僅是一種提問工具。它更是使用全新的角度和眼光，看待個人與個人間、個人與

群體間的人際關係。這時即牽涉到四項全新眼光，說明如下：

1. 人是一切溝通的核心：肯定式提問係將人視為溝通的核心。溝通的目的在認識對方，而不是為解決問題。不管是解決問題或完成任務。個人與個人間、個人與群體間溝通的核心是「人」，而非「事情」或「物品」。肯定式提問係使用肯定的方式，看待組織的核心為「人」，此核心具備無限的想像力、能耐和潛能。

2. 以尊重差異代替責難評斷：肯定式提問係以正面思維來提問和對話，即將負面評斷思維，調整為正面尊重思維。因為上帝所創造的每個人都是不同的，而人與人間的不同處，即是值得我們欣賞和學習的地方。這時應以正面的尊重差異，代替負面的責難評斷。

3. 以探索創新代替批評否定：肯定式提問係以創新思維來提問和對話，即將負面批評思維，調整為正面創新思維。因為上帝要我們積極探索新知領域，透過創新探索、夢想構築和願景設計來解決問題；而不是一昧批評、否定和拆毀，此舉只有僵化思想和阻礙創新，別無其他益處。

4. 探求積極的變革核心：肯定式提問推崇積極的變革核心（positive change core），即認定每一個充滿活力的群體，皆必然有許多尚未開發的積極資源，此為激動人心的資產。需要透過肯定式提問來組合上述的各項資產。

肯定式提問係將人視為溝通的核心。溝通的目的在認識對方，而不是為解決問題或建立共識。

二、正向信念

做好肯定式提問的第二個前提條件是心存正向信念。運用肯定式發問的背後，是根植於以下三個正向信念。說明如下：

1. 互信的社會：深信人與人之間是互信的，這是一個互信的社會。因而相信在運用肯定式發問時，即已深信周遭他人是可以被信任的。

2. 善意的世人：深信人與人之間是善意的，這是一個友善的社會，沒有人要故意傷害他人。因而拒絕強勢性發問，不接受這是一個弱肉強食的世界，不接受暴露弱點必然會被別人欺負。

3. 抱怨的逆襲：深信抱怨的反作用力，抱怨會逆襲、引發更多的抱怨，只生怨恨而於事無補。因而拒絕被動式發問，即拒絕接受抱怨是正確無誤。

5.2 預備動作

運用肯定式提問，積極的探詢對方，可確實鼓舞對方，改善對話品質，促成雙方關係的正向發展。

【問得好】在提問時，你怎樣準備好來進行肯定式提問？

肯定式提問的預備動作有如跑步前的蹲下起跑姿式，是做好肯定式提問的敲門磚。藉由放下看起來合理的需要，開啓運用肯定式發問的動能，得以加速向前直奔。基本上，現在就是生命中最有力量的時刻。因為現在的你是自己造成的，因此只要願意先放下自己的需要，自然內心就會得到釋放。

在實際操作上，麥斯威爾（Maxwell）指出，放下合理需要包括四個主要進程，如圖5-2所示，茲說明如下：

圖5-2 肯定式提問的四個進程

一、放下自己心情

首先是放下自己的心情，放下自己的面子、自尊、情緒、感受、壓力等。例如，要這樣對自己說：

「我現在願意放下這一切的壓力。」

「我現在願意放下我自己的面子。」

「我現在願意放下會使我丟臉的難堪情況。」

「我現在願意放下在我腦海中，造成負面情況的想法。」

「我現在願意放下自己的內心需要，我願意放下被別人批評的糟糕感覺。」

二、放下自己想法

再來是放下自己的想法，放下自己的意念、認知、想法等。例如，要這樣對自己說：

「我現在願意放下我個人對你的想法。」

「我現在願意放下我對你的意見和看法。」

「我現在願意放下我心中浮現的不好意念。」

又如，若是你想要少打一些電動或改善親子關係，那你就要這樣說：

「我現在願意放下對於打電動的那種想法。」或

「我現在願意放下使我感受不舒服親子關係的那種看法。」

三、改變自己態度

我們只要「願意」先放下心情，放下想法，甚至不知道怎樣放下。實際上，我們只要願意宣告放下自己的權利，把判斷主權交給上帝。上帝自然會做好其餘的部分，調整內在的心情，改變認知，完成態度改變（attitude change）【5-2】。這個時候你會驚訝的發現，你心中所想的，和口中所說的，都會出現不同的反應，此時正在開創全新未來。因爲：「靠著那加給我力量的上帝，我們凡事都能做」。

實際上，我們只要願意宣告放下自己的權利，把判斷主權交給上帝，上帝自然會做好其餘的部分。

放下需要通常還需要寬恕和原諒他人，這樣才算完成整個態度改變的過程。這時，試著對自己說：

「我願意原諒某人（說出周遭他人或自己的名字）」

「我原諒你做過的某件事（說出是哪一件事情）」，以及

「我願意原諒你對我所造成的一切傷害，現在我選擇原諒這一切。」

　　這時在上帝的光照中，從心中會慢慢升起另股力量，使心中產生改變的勇氣，這時可再對自己說：

　　「我願意放下這一切的傷害和損失。」

　　「我願意接受這一切的改變。」

　　「我願意改變我自己。」

　　而當說出這一句話後，後來的事情就會變得十分簡單。

四、迎接正面能量

　　面對心中的正向能量，就要正面迎接，不要害怕，也不用閃躲，只要單純坦然的接受它。慢慢再對自己說：

　　「我做得很棒！」

　　「我做得真好！」

　　「這件事情沒有什麼大不了的，沒有關係的。」

　　「這些事情難不倒我，我可以面對的。」

　　「靠著上帝加給我力量，我能做到。」

　　在這個時候，便可看見自我信念冰山正在逐漸融化並消失，自己臉上會開始浮現笑容，全身肌肉逐漸放鬆，甚至手舞足蹈，唱起歌曲，開始「進入快樂」。

5.3 執行步驟

欣賞、想像、組合、提案等四個環節，是做好正向肯定提問的執行步驟。

【問得好】在進行正向肯定提問時，你怎樣做好欣賞和想像工程呢？

　　要執行肯定式提問，需要先選擇要談的主題，首先發訊者要想，哪件事情是對方真正做得很好的事情。主題愈明確、愈清楚，愈能提出好的提問句，進而引領好的答案句。至於肯定式提問的具體執行步驟，寇提列（Cottrell）指出，包括欣賞（appreciate）、想像（imagine）、組合（combine）、提案（propose）等四項步驟【5-3】，如圖5-3所示，茲說明如下：

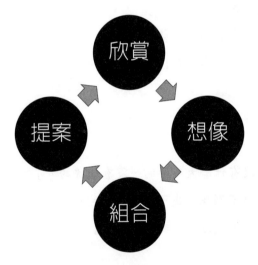

圖5-3　肯定式提問的執行步驟

一、欣賞

　　肯定式提問的第一步，就是發訊者聚焦在對方做得很好的事情上，啓動內心欣賞和重視的工程。此時係探知為何上次經驗會如此成功。關注的焦點是過去的成功經驗，是過往的精采故事，是以能量極高，因為這是件過去行的通的事情，因此對方會有信心在這個基礎上啓動感受、構思想

法、設計未來，並承諾實現此一願景。這時，發訊者要這樣提問：

「你上個禮拜做得最好的事情是什麼？」

「說說看你上次是怎麼做到的？」

「你上個月做得那麼好？是怎麼回事？」

「妳太強了，超棒的，請告訴我你是怎麼做到的？」

「好厲害喔，你是怎麼辦到的？」

　　肯定式提問的第一步，就是發訊者聚焦在對方做得很好的事情上，啟動內心欣賞和重視的工程。

二、想像

　　肯定式提問的第二步，就是引發對方的想像力，藉此開啟對方的想像創新思維。發揮想像力，勾勒出未來的可能情境、願景發想、功能展現，或生活方式上。至於想像的方式包括，形態聯想想像、水平聯想想像、幅射聯想想像等【5-4】。這時，發訊者可以這樣提問：

「說說看這可能會像什麼？」

「說說看，這件事情你看見什麼樣的未來發展？」

「想想看這可能會是什麼？」

三、組合

　　肯定式提問的第三步，就是持續組合與討論，以落實在實際的產品設計或創意組合上。透過發想討論，整理在提問探詢過程中所產生的各種資訊，進而逐漸使創新組合成形。至於組合的方式包括，同式組合、異式組合、重組組合、附加組合等【5-5】。這時，發訊者可以這樣提問：

「說說看這應該是什麼？」
「說說看這會形成什麼樣的新產品？」
「想想看這件新產品會長成什麼樣子？」
「想想看這應當是什麼？」

四、提案

　　肯定式提問的第四步，就是根據前述的故事、想像、組合等討論，接下去創新打造出具有能量的提案。即藉由創意篩選與機會分析，形成可執行的提案，進而使對方的智慧真實融入其間。至於提案的方式包括，建立聯結提案、創意組合提案、網狀模式提案、平台整合提案等【5-6】。這時，發訊者可以這樣說：

「說說看這將會是什麼樣的情形？」
「說說看我們該怎樣設計出這樣一個新產品？」
「想想看這大概會是個什麼樣的方案？」
「想想看這件新產品要怎麼才能落實並量產呢？」

5.4 功能效益

只有正向肯定提問，才能真的幫助對方，溫暖對方內心，啟動正面溝通，建立雙方的友誼。

【問得好】在提問時，你怎樣說出正面和積極的提問？

最後說明肯定式提問的功能效益，肯定式提問的功能效益可分成兩個層面，即個體面的功能和總體面的效益，如圖5-4所示，茲說明如下：

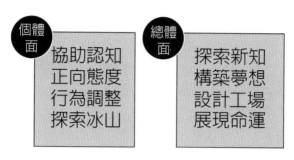

圖5-4　肯定式提問的功能效益

一、個體面的功能

本小節說明肯定式提問在個體面的功能，賽利格曼（Seligman）指出，包括協助認知、正面態度、行為調整、探索冰山四者【5-7】，說明如下：

(一) 協助認知

肯定式提問可有效協助對方瞭解事實的真相，澄清錯誤認知，避免誤會和衝突。即藉由肯定式提問，探詢事情的「人事時地物」為何。肯定式提問重點在促使真相能被更清楚的看見並解讀。肯定式提問的例子包括：

「當時到底發生了什麼事？」

「當時有哪些人在現場？他們做出哪些事？」

「這裡有哪些人證、物證、事證和旁證呢？」

「正確的時間和地點究竟是什麼？」

(二) 正向態度

　　肯定式提問可使對方生成正面的態度。即藉由肯定式提問，探詢當事人心中的情緒、心情和感受，以利後續進行同理情感對話，深化關係發展。肯定式提問重點在促成更加認識對方的情緒。例如提問：

　　「你當時的心情是什麼？」
　　「你的想法是什麼呢？」
　　「你怎樣調整你的想法呢？」
　　「爲什麼你會這樣想呢？」
　　「在這個時候，某人的意見是什麼？你知道後的心情是什麼？」

(三) 行爲調整

　　肯定式提問可使對方做出建設性行動，朝向正面有意義的方向發展。即藉由肯定式提問，探詢當事人下一步的舉動，並引導其他可行的平行方案。肯定式提問重點在形成正向友善的行動。例如提問：

　　「你打算怎樣做？」
　　「爲什麼你要這樣做？」
　　「有沒有比較好的做法呢？」
　　「怎樣做才能夠雙贏呢？」
　　「你要對這件事情，說幾句話嗎？」

(四) 探索背後的冰山

　　肯定式提問可探索對方背後的冰山，即藉由肯定式提問，幫助對方思考隱藏在話語線索背後的冰山（**ice-bergs**），即內在誓言（inner vows）

或情緒黑狗（black dog）【5-8】，爲後續的深層溝通做好準備。例如提問：

> 「你小時候發生什麼事，以致於你會這樣想呢？」
>
> 「你的父母說過什麼話，以致於在你心中形成內在誓言呢？」
>
> 「妳的男朋友對妳做了什麼事，以致於妳沒有辦法原諒他？」

二、總體面的效益

此外，若站在管理者的立場，泉忠司指出，肯定式提問的總體效益亦有四，即探索新知、構築夢想、設計工場、展現命運的四個「D」【5-9】，茲說明如下：

(一) 探索新知（discovery）

肯定式提問可認定組織運作能夠做得好的新程序，能攪動整個關係互動系統，預備進入探詢的積極變革核心。例如：

> 「這件事情可以怎樣做得更好呢？」
>
> 「有沒有什麼好方法，可以突破困難，開創新局呢？」

(二) 構築夢想（dream）

肯定式提問可重行界定使組織運作做得更好的新願景程序，在業已發現的潛能上，攀爬更高的山峰，建構清晰的夢境。例如，對自己提問：

> 「現在的世界要求我們怎樣面對未來的挑戰？」
>
> 「透過現在的持續努力，未來的我們會變成怎樣？」

(三) 設計工場（design）

肯定式提問可認定組織運作能夠做得好的新規劃和優先事項，能對怎樣建構理想化工場，提出開放性建議。在如此氛圍下，每個人便能自由釋放潛能，推動變革，且能實現自己的夢想。例如：

「我們的下一步會如何呢？」
「現在我們大家可以怎麼樣做呢？」

(四) 展現命運（deploy）

肯定式提問能執行某一設計提案，而強化個人與群體，拉高積極肯定的熱情，注入希望和動能，進而實現遠大的目標。從而，個人和群體的努力、學習和調整逐漸化為自覺的習慣，一如交響樂隊的演奏般的震撼人心。例如：

「讓我們一起為這件偉大的任務，貢獻一己之力吧！」
「大家手牽手，心連心，一起開創屬於我們的時代吧！」

【智慧語錄】

知識就是力量。讀書可使人愉悅，增加文采及充實才能。
　　　　——培根（Nicholas Bacon），散文作家，著有《論說文集》

一本書像一條船，帶領著我們從狹隘的地方，駛向生活的無限廣闊的海洋。
　　　　——海倫凱勒（Helen Keller），瞎聾教育學者，著有《熱淚心聲》

【本章註釋】

5-1 肯定式發問或稱肯定式探詢，係由凱斯西儲大學管理學院組織行為學教授大衛‧庫柏里德（David Cooperrider）所提出，為著名的組織發展訓練方式。在企業人力資源發展和永續力領域普遍應用，以探索企業責任和永續未來。敬請參閱Hammond, S.A. (2006), *Thin Book of Appreciative Inquiry*, 2nd ed. JAI Press. 以及Cooperrider, D.L. & Srivastva, S. (1987) Appreciative inquiry in organizational life. In Woodman, R. W. & Pasmore, W.A. (eds) Research in Organizational Change And Development, Vol. 1 (129-169). Stanford, CT: JAI Press.

5-2 改變態度則出自Maxwell, C.J. (2006), The Winning Attitude: Your Key to Personal Success, Tennessee: Thomas Nelson. 至於有關態度的說明，敬請參閱Robbins, S.P. (2013), Organization Behavior, the fifthteen edition, Prentice-Hall, Inc. 以及施以諾著（民92），《態度決定了你的高度》，台北市：橄欖文化出版。

5-3 有關建立聯結提案、創意組合提案、網狀模式提案、平台整合提案等提案的方式，敬請參閱鄭淑芬譯（民99），《批判式思考：跳脫慣性的思考模式》，史特拉‧寇提列著，台北市：寂天文化。

5-4 有關形態聯想想像、水平聯想想像、幅射聯想想像等想像的方式，敬請參閱王傳友（民94），《創新思維與創新技法》，上海市：人民交通出版。以及陳澤義（民104），《生涯規劃》，臺北市：五南圖書出版。

5-5 有關同式組合、異式組合、重組組合、附加組合等組合的方式，敬請參閱郭亞維著（民99），《哈佛校訓給大學生的24個啟示》，台北市：文經閣出版。

5-6 有關宣告正向語句的實際操作，敬請參閱謝明憲譯（民102），《創

造生命的奇蹟》（露易絲‧賀著），台北市：方智出版。以及關秀娟（民103），《懂得活：給都市人的快樂良方》，香港市：經濟日報出版。

5-7 有關練習說出正向肯定的話語的步驟，係由賽利格曼（Seligman）所提出，敬請參閱洪蘭譯（民102），《眞實的快樂》（馬汀‧賽利格曼著），台北市：遠流出版。

5-8 有關冰山（ice-bergs）、內在誓言（inner soaring）、情緒黑狗（Black dog）等內容，敬請參閱洪蘭譯（民102），《練習樂觀，樂觀學習》（馬汀‧賽利格曼著），台北市：遠流出版。

5-9 敬請參閱王俞惠譯（民101），《自信思考術》，泉忠司著，台北市：大牌出版。

【行動作業】

1. 現在請你跟著以下的句子，練習說出一些正面的詞句：

「我就是我自己」。

「我喜歡做我自己」。

「我喜歡我自己的眼睛、鼻子、髮型」。

「我天天年輕有活力」。

「我相信一切都會很順利的」。

「我現在是健康寶寶」。

「我天天充滿愛心和熱情」。

「我現在非常快樂、充滿希望、美滿、自由」。

「我現在擁有美好的幸福生活」。

2. 現在請你練習做肯定式提問的相關習作：

(1)請指出當時的情境是什麼？

(2)請儘量客觀且正確的描述該情境。

(3)你當時的心情是什麼？

(4)這個時候其他相關當事人，他們的觀點意見又是什麼？

(5)這些如何幫助你調整你的觀點？

(6)現在，你要怎樣對這件事情再說幾句話？

第六章　說話管理

【曉月漫步】

　　請你想像自己走進大自然的森林當中，

　　每一株樹木，每一束花朵之間湧現的靈氣，流進你的心中。

　　再想像自己站立在微風中，體驗風兒的吹動。

　　風的清涼輕拂著你的感覺，吹開身上堆積的灰塵；

　　清新滲入你身體的每個部位，流進你心靈的每個層面。

　　這會使你的思緒開始有如潮水，不斷自內心湧出，

　　讓乾枯之地可以滋潤，讓沉睡身軀可以踴躍。

　　生命的水流自主流動著，綻放無窮的生命力，

　　你就能夠體會到，上帝已經將祂的大愛，厚厚的澆灌在你的心中。

　　這時你便會想透過說話，抒發你心中思緒的特定流向。

　　這時你的說話，便是你生命的流露；而不會是噪音的呈現。

6.1 說話起手式

人和人之間的對話就像打乒乓球一樣，在雙方對話的一來一往之間，若能拿捏的恰到好處，就會變成雙人芭蕾舞一樣的美麗，這就是說話方式的巧妙處。

【問得好】你上次和你的朋友（或同學）起衝突時，你是怎樣對他說話的呢？

　　本章開始將溝通的焦點轉成「說」的層面，在說的方面，溝通對話需先聆聽，在傾聽發訊者說完話後，接下來就是收訊者說話表示自己意見的時刻。在說話的方面，最重要的是謹慎言語，重點發言。要發揮言語的影響力，「一句話就能改變對方的一生」，特別是握有權柄者所說出的話。因爲生死在舌頭的權下，喜愛它的必吃它所結的果子【6-1】。

一、兩種說話起手式

　　在此時，有兩種常見的說話起手式，即以「我」爲主體或以「你」爲主體的說話，如圖6-1所示。茲說明如下：

圖6-1　兩種說話起手式

(一) 以「我」爲主體

　　用「我」爲主體說出訊息，就是用「我」的感覺來說話，說明事實，或傳達自己的感受和心情。例如：

　　「當我看見你做這樣一件事情，我的内心很痛、很痛。」或

　　「當我聽見有關於你的近況時，我簡直不敢相信，這是你遇見的事情。」

(二) 以「你」爲主體

　　用「你」爲主體說出訊息，就是用對「你」的評斷來說話，這時多半是評斷、批評、指責和命令威脅。例如：

「你真是混帳，完全不可救藥了」。或

「你怎麼這樣，把這件事情搞得亂七八糟，一蹋糊塗。」

　　因此，我們在說話時，要盡量用「我」為主體來說出訊息，避免以「你」為主體來開啟訊息。亦即學習說出以「我」為主體的事情，說明事實或真實感覺話語，以事實代替批評、感受代替指責、請求代替命令。

　　在說話時更需謹記，污穢的言語一句不可出口，只要隨事說造就人的好話，叫聽見的人得益處。淫詞、妄語和戲笑的話都不相宜，總要說感謝的話，說造就人的話【6-2】，這樣便能得享生命樹的果子，透過說話使他人得益處。

二、使用短語來說話

　　更有進者，在回應對方的提問，因而必須說話時，我們可以使用「短語」來回應對方【6-3】。其可分成三大類：

在回應對方的提問，因而必須說話時，我們可以使用「短語」來回應對方。

(一) 面對正面事物時

　　面對正面事物，即如某人表現優異、某事情如期完成、某物件美好呈現等。此時即需以短語來表示欣賞與讚嘆。例如：

「你太厲害了！」

「你超強的！」

「這太棒了！」

「這裡太美了！」

「這實在是太有趣了！」

(二) 面對負面事物時

面對負面事物。即如某人表現不佳、某事情未能如期完成、某物件錯誤呈現等。此時即需以短語來表示平安與鼓勵。例如：

「我真的不知道會這樣！」

「我沒問題！」

「還好，這還有救！」

「我不擔心！」

「我不急，你慢慢來！」

(三) 面對意外事件時

面對意外事件。即如某人遭遇意外災害、某事情因不可抗力事故未能如期完成、某物件因故無法美好呈現。此時即需以短語來表示驚訝或緩頰。例如：

「真糟糕！怎麼會這樣！」

「我知道，這沒事！」

「這可能嗎？」

「這或許吧！」

若能使用溫柔且堅定的短語回答，一則慈愛與真理兼顧，恩惠與公義平衡，足能使對方信任；二則可以避免落入血氣中，不去惹起對方的怒氣。三則可以讓後果成為最好的老師，釐清界限與責任歸屬，真正達到教

育對方的目的。誠所謂「後果孕育出承擔，承擔孕育出責任感，」值得吾人深思。

6.2 水平溝通

只從發訊方到收訊方之間，事實上是隔著重重的山峰，需要用心跨越，方能到達對方的心中，造成有效溝通。

【問得好】在溝通時你會如何說話，才能讓對方聽得進去？

　　前節述及，充分溝通是管理他人與領導團隊的必要條件，因為建立團隊的關鍵即是溝通，溝通能連結眾人的心，串連各方相關人士。此時溝通包括橫向的水平溝通和縱向的垂直溝通，本節即說明水平溝通。

　　水平溝通指有效完成訊息傳遞，重點在如何將訊息準確無遺漏的傳達到對方的耳中，不致發生訊息漏接或耗損情形，此為巴洛（Barlo）在1960年所倡導的水平**溝通模式**（**horizontal communication model**）。水平溝通模式包括五項元素，指發訊者、資訊編碼、干擾中介、資訊解碼、收訊者【6-4】，如圖6-2所示。茲說明於後：

一、發訊者

　　當說話人想要告知對方某些訊息時，說話人即是發訊者，代表訊息來源方。是為溝通的啟動者。在此一情況下，為不致遺漏任何訊息，發訊者需要避免發生以下兩種情形【6-5】：

(一) 溝通焦慮

　　溝通焦慮（**communication anxiety**）意指說話人由於憂慮或害怕，以致於暫時遺忘所要表達事物的現象。即發訊者落入因為心中的擔憂或恐

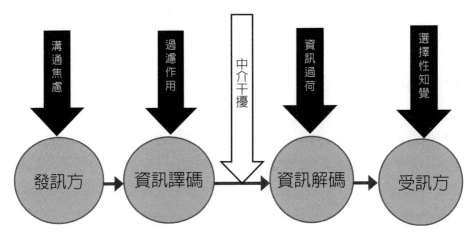

圖6-2　水平溝通模式

資料來源：整理自Berlo（1960）。

懼，出現過於緊張或害怕的情緒，導致在口語上結巴或顫抖，反而無法順暢說話，或是短暫忘記某事，無法及時想起。例如，公司新進人員面對上司問話時，若沒有心理預備，有時會緊張而支支吾吾，結結巴巴的話說不清楚，呈現溝通焦慮情形。

(二) 過濾作用

過濾作用（**flitering effect**）意指說話人由於想要討好對方，以致於刻意過濾所欲說話話語的現象。即發訊者因為要取悅收訊者，刻意操弄資訊的內容，經常是「報喜不報憂」，只說些收訊者想要聽到的恭維話語。例如，員工面對上司，通常是小心伺候，專門挑選好事情的話題，並隱瞞不好的消息。至於說話的遣詞用字也十分考究，專說重聽的話，這時即無形中業已透過過濾作用，過濾掉若干重要訊息。例如，同時發生顧客抱怨和經銷商拜訪兩件事情，承辦人員卻只上報經銷商來訪一件事情。

溝通焦慮和過濾作用是發訊者經常會碰到的溝通障礙。

二、資訊編碼

　　當說話人想要告知對方訊息時，說話人會在腦中理一理思緒，想好要怎樣說話，使用特定的遣詞用字，即是**資訊編碼**（**information encoding**），或稱譯碼。資訊編碼十分重要，因為錯誤編碼容易產生誤解；甚至需要重覆訴說，使對方產生反感，甚至拒絕溝通。在此情況下，發訊者為做好資訊編碼，需要留意以下兩件事情：

(一) 邏輯清楚

　　發訊者需要整理思緒，有條理的表述事情。最好先講出結論，再說明其理由，並且將客觀事實和主觀意見分開說明。關於邏輯清楚的說明，請參見本書第十章的說明。

(二) 用字準確

　　發訊者需要選擇對方容易理解的話語或字句，發訊方需要根據收訊者的文化背景與教育程度，選擇適當的詞句。因為若收訊者學歷背景較低，而發訊者若刻意使用學術理論字句，或許會使收訊者欽佩其學養，卻無法準確溝通；另外若收訊者來自基層，發訊者總說些艱深饒舌字句，或許會使對方印象深刻，但卻全然無助於正確溝通。

三、干擾中介

　　當說話人告知對方訊息的當下，環境中介的干擾情形稱之**干擾中介**（**intervening effect**）。干擾中介主要指溝通場所的中介條件，而和主體訊息產生**訊息競爭**（**information competition**）的現象，干擾中介容易使當事人滋生一時性的煩躁情緒。例如，客廳環境、辦公室環境、街市環境或捷運站環境，此時外界環境有時會出現人車聲雜沓、電話鈴聲、事務機具操作聲、廣播播音聲等，產生雜音干擾的現象。干擾中介實包括兩種干

擾，說明如下：

(一) 可控制性干擾

所謂**可控制干擾**（**controllable intervening**）指環境中的中介干擾，而此項干擾可被發訊者或收訊者控制。例如，家中客廳環境中的電視播放聲、寢室環境中的電腦影片播放聲、辦公室環境中的電話說話聲等。此時發訊者或收訊者可請求他人降低電視機、電腦或電話說話的音量，將干擾降低到可容忍的範圍內。

(二) 不可控制性干擾

所謂**不可控制干擾**（**uncontrollable intervening**）指環境中的中介干擾，而此項干擾無法被發訊者或收訊者控制。例如，街市環境中的行車喇叭聲，或捷運站環境中的播音呼叫聲等。此時在溝通時收訊者無法排除干擾，無法做正確解讀，甚至無法聽到訊息內容。例如，在捷運車廂內以手機通話時，備受環境干擾，如捷運行車聲、車內廣播呼叫聲、其他旅客說話聲、孩童哭叫吵鬧聲等。

四、資訊解碼

當說話人告知對方訊息時，對方收到訊息後會在心中解讀此項訊息的意思，即是**資訊解碼**（**information uncoding**），此或稱解碼。資訊解碼十分關鍵，因為忽略解碼容易產生誤會，甚至發生衝突。在此情況下，收訊者需要避免以下兩件事情：

(一) 資訊過荷

資訊過荷（**information overload**）是指發訊者在極短時間內，傳送過多資訊，超過收訊者能夠消化吸收的情形，即發生資訊過荷。例如，某人正忙於工作，發訊者突然插入談事情，並且向對方提出五件任務，導致對方資訊負荷過重，記不得發訊者提示內容的情形。

(二) 選擇性知覺

選擇性知覺（**selective preception**）是指收訊者由於個人人格特質、過去經驗、當時身心條件、動機需求、生涯時程，會選擇性「傾聽」發訊者所說出的資訊。例如，收訊者一般會挑選新鮮奇特、活潑有趣、和自己生活攸關、或具重大影響的事物，選擇性的接收資訊。例如，學生會注意老師提及和期中考試或作業報告繳交有關的訊息。

收訊者一般會選擇新鮮奇特、活潑有趣、和自己生活攸關或重大影響的事物，選擇性的接收資訊。

五、收訊者

當說話人告知對方訊息時，對方收到訊息後即成為收訊者。

在此時此刻，我們需要捫心自問：「什麼是雙方關係的開始？」「我們怎樣啟動並建立和他人之間的關係？」這需要先學習做好自己的功課，才能開始經營彼此的人際關係，和他人有效溝通。

6.3 社會滲透

若能針對特定對象，說出不同深度的話語，便能做好社會滲透工程，建立深厚關係，強化你個人的人際能力。

【問得好】當你說話時，你知道你說話的內容深度嗎？

本節繼續說明縱向垂直溝通。垂直溝通指合宜的溝通深度，重點在面對不同的時空對象，使用合適的溝通內容深度和對方對話，不致發生

過與不及的情形，此爲奧肯（Altman）於1978年所所倡導的**社會滲透模式**（**model of social peretration**）【6-6】，如圖6-3所示。

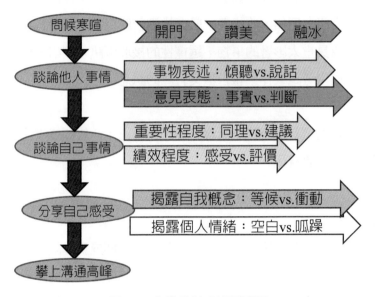

圖6-3　完整的社會滲透過程

資料來源：整理自Robbins (2013)。

所謂「社會滲透」指說話人對於對方社會的浸染滲透程度。社會滲透深淺的程度，某方面亦代表發訊者對於收訊者的影響力量。社會滲透程度可細分爲五個層次，意指溝通五種深度，包括問候寒喧、談論他人事情、談論自己事情、談論自己感受、攀上溝通高峰，茲說明於後：

一、問候寒喧

問候寒喧（**greeting**）指歡迎、招呼、問候、請安和簡短的社交用語。基本上，問候寒喧是彼此溝通的起步，是雙方建立友誼的開端。問候寒喧是發訊者表達歡迎，釋放心中善意的具體表現。因爲只要發訊者能夠明確表達善意，自然可以拉近對方的距離，卸下武裝，並預備下一步的對

話。

　　常見的問候寒暄如，「近來好嗎？」「今天吃飽了沒？」「這些日子你都在忙些什麼？」並且伴隨著「微笑」的世界共同語言，對他人表達問候。

　　在社會滲透模式中，打招呼的功夫十分緊要，學習說些「歡迎、請、早安、謝謝、很棒、對不起、很抱歉」等問候語言，可以很快拉近雙方的距離。其包括三種話語，說明如下：

(一) 開門式話語

　　開門式話語能夠快速和對方搭起友誼橋樑，脫離冷漠無感，迅速進入正題討論。最常見的開門式話語為「歡迎、請、早安」。例如：

　　　　「歡迎，歡迎您，近來都好嗎？」
　　　　「您能來我這裡，真是歡迎，我感到非常榮幸，我很高興您能來！」
　　　　「請坐，請喝茶！」
　　　　「請您幫忙，因為我迷路了，請告訴我到火車站的路怎麼走法。」
　　　　「請告訴我，這裡發生什麼事情，請您告訴我。」
　　　　「伯母早安，伯母近來一切都好嗎？」

(二) 讚美式話語

　　讚美式話語能夠快速使對方留下美好印象，並及時化解可能的對立情緒，甚至是誤會，從而對方將發訊者看成朋友、同路人，或同一國的同道人士。最常見的讚美式話語為「很棒、很好、謝謝」。例如：

　　　　「我喜歡你的點子，你做得太棒了！」
　　　　「這件事情你做得超棒的，給你十個讚！」

「您的報告寫的真詳細，條理分明，內容豐富，謝謝您的用心。」

「您燒的菜，味道真好，特別是紅燒獅仔頭，口感真棒；還有宮保雞丁，好想再吃一口。」

「謝謝您，真得很感謝！」

「謝謝您，你真是個大好人，大善人。」

(三) 融冰式話語

融冰式話語能夠打消對方由於發訊者的錯誤言行，所造成的憤怒或對立感受，甚至使對方能夠饒恕，再次重新接納發訊者，化干戈為玉帛。最常見的融冰式話語為「對不起、很抱歉、我錯了」。例如：

「對不起，請借過一下。」

「對不起，是我搞錯了某甲和某乙！」

「抱歉，這一切都是我的錯。」

「很抱歉，是我疏忽了，你能夠原諒我嗎？」

「我錯了，我真得大錯特錯了！」

「我錯了，我真的不知道該怎麼辦？」

二、談論他人事情

談論他人的事情，顧名思義，指談些別人的大小事務。這時是發訊者開始談天說地，道古論今的時刻，話題內容上及天文，下至地理。例如，美國聯邦銀行提高銀行準備率、中國政府選擇性信用管制打房炒作、美國歐巴馬總統和日本安倍首相的本週談話、中韓日洽簽自由貿易協定（FTA）、美牛瘦肉精進口議題、各級政府官員升遷、房地合一稅課徵、證券交易所得稅課徵、政府油電價格調漲。以及各級運動賽事、跑馬賭

局、雕刻藍染、烘培調酒、烹飪園藝、庭園種菜、賞鳥品茗、詩詞歌賦、居家裝璜、風水算命等無所不包。

　　談論他人事情更包括事物表述和自我表態兩個層面。茲說明如下：

(一) 事物表述

　　事物表述（**objects presentation**）指針對某一議題，單純性提供資訊，這時發訊者並未涉及表明個人立場和揭露個人態度，僅是一如新聞記者般的報導消息，因此無法得出認同或反對的意見，屬於「表面特質」的陳述。事物表述雖具備談論議題相投的互相吸引元素，但話題僅觸及事物的表面，並未接觸到發訊者或收訊者的意見層面，因此仍停留在**表面化溝通**（**facial communication**）的層次。

　　在此時，若表述的內容僅止於公眾熟悉的議題，則成為工作同事、學校同學、企業同行的溝通形式，雙方僅為工作同事或學校同學關係，而非進深成朋友關係。若是過度操作單純表述，更有可能使人維持表面關係，保持距離，不利建立朋友關係，甚至反而導致形同陌路，相敬如賓。

只有溝通發訊者對某特定事物做出「自我表態」，表示自己的意見和看法，雙方才真正開始建立友誼關係。

　　例如，春嬌小姐在工作上認識自稱行銷萬事通的志明，志明相貌堂堂，瀟灑襲人，又多才多藝。對於風土、民情、星座、天文、民俗、地理、花鳥、茶藝、調酒、烘培、烹飪，以及各國政經要人，志明都能如數家珍，信手拈來，使得春嬌非常崇拜，春嬌很快就迷戀英雄、深陷情網、難以自拔，在志明柔情攻勢下，兩情相悅發生性關係。後來，因為細故雙方爆發激烈口角，負氣分手，春嬌猛然驚覺，她還不知英雄的真正年齡、工作確切地點、結婚狀況、居住場所、家庭狀況等。因為志明都談論他人事情，甚少提及自己的事，雙方的社會滲透程度十分淺薄。

(二) 意見表態

意見表態（**opinion declaim**）指針對某一議題，表明個人立場並揭露個人態度，即表示自己的意見和看法，表示個人的贊成或反對、表達偏愛或厭惡意見。意見表態是踏進友誼之門的敲門磚，惟有發訊者或收訊者對於特定事物的「意見表態」，才是建立雙方友誼關係的起步。

理由是事物表述僅是一種資訊提供關係，其為功利性的利益交換關係；惟有對特定事物「意見表態」，方可能發展出友誼性的情感交換關係，培養信任關係。因為在某人對某特定議題做出意見表態之時，即行透過個人的知覺態度，坦露自我的生命價值，試探對方是否贊同與信任，同時甘冒被對方否認、拒絕，甚至傷害的風險，進而探索發展雙方友誼的可能性。

在此時，若是對方能夠接納自己的意見，而不予批評論斷，就是注入個人「生命樹」中的生命和愛心元素，而非個人「善惡樹」中的是非和對錯元素。並在生命和愛心元素的激化下，發訊者得以對外探索對方的接受與否情形，逐步建立起信任的能量，才會培養友誼。此外，伴隨著一般題材意見表態的順暢進行，才能漸次面對高敏感性題材的意見表態情形，來測試雙方彼此接納信任的強度。

在談論他人事物時，不論是事物表述或是意見表態，若能夠謙虛自持，專心聆聽，自然能夠維持良好溝通氛圍，建立美好人際關係。理由是這時係透過傾聽對方說話，釋放尊重對方和願意瞭解對方的訊息，並以生命和愛心為基礎，容易促成對方的信任。相反地，若在談論他人事物時，若是老搶話題發言，不願聆聽對方表述，只想賣弄自己通曉萬事的能力。此時極可能中斷雙方對話，破壞雙方溝通氛圍。理由是對方業已看出自己的驕傲、自大、吹噓心態，進而對我們敬謝不敏，這時的基礎則為是非批判和善惡評斷。

在談論他人事情時，我們若能謙虛一點，多用心傾聽，便可維持高品質的
溝通，保持優質對話水平。

三、談論自己事情

　　同樣的，談論自己事情則是指談自己切身的事務。這時是發訊者開始
向對方分享自己私人事務的情形。談論自己事情可依重要性程度和績效程
度分成四個子區塊【6-7】。茲說明如下：

(一) 重要性程度低和績效程度高

　　此時是向對方分享自己一般的生活起居瑣事和趣事。例如，及時趕上
火車、貓咪爬到樹梢上、記得攜帶車票卡、雨傘失而復得、買到某項折扣
優惠飲品等。由於議題的重要性程度較低，且多爲正面事物，具有博君一
笑的色彩，在普通朋友的茶餘飯後閒談中經常發生，明顯具有打發時間、
娛樂大眾的功效。

(二) 重要性程度低和績效程度低

　　此時是向對方分享自己生活上的若干不快事物。例如，錯過一班公
車、小狗弄髒床單、忘記攜帶大門鑰鎖、雨傘遺落在餐廳、某項麵包糕點
買貴了等。此時議題的重要性程度仍低，且多爲負面事物，具有嘲諷自己
的意味，此亦經常出現在普通朋友的飯桌茶談中，具有博君一笑的色彩。

(三) 重要性程度高和績效程度高

　　此時即是分享自己的豐功偉業。例如，自己完成一件重要工作、自己
的小孩表現優異、自己最近工作上獲得長官嘉勉、自己工作升遷等。由於
議題的重要性程度升高，是一種深度自我揭露的情形，呈現「生命樹」中
生命與愛心的探索表現。是發訊者願意相信對方，相信對方不會批評、嘲
笑，甚至加害自己脆弱部位的嘗試，並願意進行冒險探測的信任式舉動。
然因爲談論爲光彩的正面事物，因此較易於表達，多發生在較好朋友間的

茶餘飯後閒談中,具有分享喜悅與慶功慶賀的意味。

(四) 重要性程度高和績效程度低

　　此時即是分享自己生命中的挫敗和失落。例如,分享自己工作上的失落被貶黜、自己失戀被愛人拋棄、自己離婚失去家庭、或自己身體健康亮起紅燈等。此明顯較諸前述分享自己工作晉級升遷,或是戀愛修成正果預備結婚,更需要較大的勇氣和友誼強度。同樣的,此時議題的重要性程度甚高,屬深度自我揭露的情形。更由於談論為不光彩的負面事件,因此較難以啟齒。是發訊者願意相信收訊者,要求對方深度關照自我,以親密朋友間的情誼對話,並相信對方不會嘲笑、批評、甚至傷害自己的脆弱部位,並嘗試進行信任冒險的行動。

　　這時是「生命樹」中生命與愛心的信任探索,深度自我揭露「需求、價值觀、信念」,乃至於自己的內心情愫,係屬於親密朋友間的對話。而此時對於「善惡樹」中是非評斷和善惡攻擊的自我防衛力量會非常敏感、激烈。同時伴隨分享自我負面的重要事物,雙方的友誼程度得以更進一步進深,關係強度得以進一步確認,自然會和對方建立堅貞不移、生死與共的親密友誼。因為這時的生命與愛心的探索程度高,資訊分享密度高,資訊分享深度亦高。

　　此外,在發訊者分享自己事情時,經常會引發收訊者想要分享自己事情的欲望,若收訊者能夠稍為抑制想要說話的衝動,便能夠給發訊者足夠的接納和安全感,願意更多開放自己,分享更深的事物,如此收訊者便能聽到發訊者的真正心聲,並建立親密友誼。此外,收訊者更需留意發訊者談話中的空白和沈默部分,如嘆息、深思、搖頭等,方不會遺漏重要的身體語言。

　　春嬌小姐向她的同事秋月訴苦,說她最近過得很太好,首先是她的

丈夫志明的工作不順利，老闆不給好臉色，志明必須加班到很晚，家裡少個人幫忙；兩個幼稚園的小孩最近又感冒生病，一個病才剛好，又傳染給另外一個，使她忙得團團轉，整個晚上都沒法好好睡覺。加上婆婆對她並不諒解，怪她沒有把孩子照顧好，更氣的是志明竟然和婆婆同一個鼻孔出氣。這使得春嬌快要崩潰，感覺心力交瘁，身體疲累沒力。今天工作時，就因為恍神出錯，被主管叫去罵。春嬌對秋月說，她很想請假幾天，拋開這一切，讓自己喘口氣。因為春嬌能夠分享自己的不光彩事情，秋月也專心聽春嬌的訴苦，結果使春嬌和秋月之間，友誼關係很快升溫，由普通同事進到要好朋友。

四、分享自己感受

(一) 揭露自我概念

　　若發訊者與收訊者彼此關係深厚時，則發訊者便具有足夠安全感，向收訊者分享自己的軟弱和挫敗，甚至全然發洩情緒，揭露個人的「自我概念」，形成高度深層自我意識的連結。若發訊者與收訊者彼此係屬手帕交密友、男女朋友或夫妻關係，則會呈現獨占式的分享，亦即進入兩人世界的深情對話，此時自然會滋生屬於彼此共享的情感氛圍。這時即會逐漸進入仙樂飄飄的喜樂境界，甚至是偶爾出現高峰經驗的機會。例如如下的對話：

　　「這裡的風景好美，好漂亮！」

　　「來到這裡，我好像又回到小時候。我想起以前偷摘芒果，被大狼狗追著跑，爬到樹上，對狗裝鬼臉，但是狗卻賴著不走，使我也不敢下來，笑死人了！現在想起來真的好氣又好笑！」

　　「你就是愛拿東西，本性不改，總是覺得偷摘的芒果比較甜！」

「嗯！」

「那是一棵大樹，好大的榕樹啊！」

「看到這棵大樹，我就想起小時候在這裡乘涼，聽奶奶講她的故事，奶奶好會講故事喔，我好想好想再聽一次。那時真的無憂無慮，想起來就覺得很開心，很滿足，我真的好想回到從前的快樂日子！」

「這怎麼說呢？」

「我真的不是一個好勇鬥狠的人，而是被這個現實社會逼得很緊，才不得不狠下心這樣拼，將別人踩在腳底下；事實上，我好嚮往這安靜的鄉村田園生活，與世無爭，大家和氣相處，那不是很好嗎？」

(二) 揭露個人情緒

當分享自己感受時，發訊者是分享自己的私密事情，向收訊者傾訴自己的情緒和感受。例如，流露喜悅、興奮、暢快、滿足、歡欣等正面情緒；流露憤怒、懼怕、擔憂、懊惱、愁苦等負面情緒；流露偏愛、厭惡、想要、逃避等趨避情緒等。此為個人「生命樹」中生命與愛心探索的高級呈現。例如，工作升遷後的喜悅、追求對方並告白戀情、情侶吵架後對他人訴苦、家人過世後的哀傷等。例如如下的對話：

「你的臉色很不好，是發生了什麼事了？」

「我好緊張，好緊張喔！」

「緊張是一定會的，但是，你的表情好像不只有緊張？」

「是的，我很擔心，擔心這一次的表演，我表現得不好！真的，我一點把握都沒有，我好害怕，好害怕，害怕失去了這一切的光榮！」

又當春嬌向他的同事秋月訴苦，說她的不光彩事情時，秋月除了專心

聆聽，又能接住春嬌的情緒，同理春嬌。秋月説：

「當妳做得這麼辛苦，而志明卻沒有幫忙你的時候，妳感覺很生氣，也覺得自己很可憐。」或

「當妳被婆婆罵，罵你沒有照顧好小孩，而志明卻沒有和你站在同一陣線的時候，我覺得很生氣，也爲妳抱不平。」

這種感同身受的同理，使春嬌感覺被秋月支持，而感到非常安全，在被接納情況下，春嬌不禁流下眼淚，這時春嬌和秋月就成爲可以談心的要好朋友。

五、攀上溝通高峰

高峰經驗是發訊者與收訊者攀上分享關係的頂峰，達成水乳交融的合一境界，在分享中不時出現瀑布發聲，聲聲響應，深淵和深淵彼此應合，深得我心的暢快感覺。例如，恩愛夫妻間琴瑟合鳴和舉案齊眉的分享，乃至於親密性生活的暢快感受。

總之，本節的社會滲透模式即完整說明雙方由熟悉對方的低度分享揭露情形，踏入探索情感交換可能性的分享改善，進到突破障礙初步交換情感的開放性交換分享，乃至於進行非語言溝通，穩定交換情感的高度分享揭露進程。在現實社會中，無不需要發揮溝通力以建立人脈，和他人共同努力使凡事順利。也就是當我們和他人溝通程度愈深，即意謂和他的社會滲透程度愈高，愈能發展彼此關係並影響對方。形成「有關係就沒關係，沒關係就會有關係」的情況。

最後一提的是，要強化管理能力，需深化垂直溝通程度強化關係，進行社會滲透。因爲管理能力的記號是能否對他人表達關愛和分享。若要管好自己，使用頭腦便可；但若要管理並影響他人，就需用心經營。因爲領導的眞正指標，是有多少位跟隨者，和跟隨者能否熱切追隨領導者而定。

【智慧語錄】

上帝給了人兩耳和雙眼，但卻只有一張嘴，意思是要人多看多聽而少說。

——蘇格拉底（Socrates），古希臘哲學家

多聽，少說，接受每一個人的責難，但是保留你的最後裁決。

——莎士比亞（William Shakespeare），文學家，

《奧賽羅》、《哈姆雷特》、《李爾王》作者

【本章註釋】

6-1 「生死在舌頭的權下，喜愛它的必吃它所結的果子。」出自所羅門王箴言第18章第21節。

6-2 「污穢的言語一句不可出口，只要隨事說造就人的好話，叫聽見的人得益處。」出自所羅門王箴言第4章第29節。「淫詞、妄語和戲笑的話都不相宜，總要說感謝的話，說造就人的話。」則出自所羅門王箴言第5章第4節。

6-3 敬請參閱鄭嘉斌譯（民100），《這樣說話，你我都是大贏家》，馬歇爾・盧森堡著，台北市：光啓文化出版。

6-4 水平溝通（horizontal communication）包括五個層面，即發訊者、譯碼、干擾中介、解碼、收訊者。詳情敬請參閱巴洛（Berlo），Berlo, D. K. (1960), The Process of Communications, NY: Holt, Rinehart & Winston. 以及陳澤義（民100），《美好人生是管理出來的》，臺北市：聯經出版。

6-5 水平溝通的各種留意事項，敬請參閱陳澤義著（民104），《管理學》，台北市：普林斯頓國際出版。以及劉偉澍、許成之（民104），《核心職能—管理技能實務》，台北市：東華書局出版。

6-6 有關社會滲透模式（model of social peretration）的內涵，敬請參閱奧肯（Altman），Altman, H. (1978), "Lessons of Leadership: Turning Ideas into Profits, Nation's Business, 66(4): 60-66. 以及陳澤義（民101），《影響力是通往世界的窗戶》，臺北市：聯經出版。

6-7 敬請參閱陳澤義著（民104），《服務管理》（五版），台北市：華泰文化出版。

【行動作業】

現在請舉例說明一下：

(1) 你在談論他人的事情時，哪些是事物表述？哪些是自我表態層面？

(2) 你在談論自己的事情時，怎樣依重要性程度和績效程度劃分成四個子區塊？

(3) 你在問候寒暄時，哪些是開門式話語，哪些是讚美式話語，哪些又是融冰式話語呢？

第七章　尊重式說話

【朝露漫步】

　　請關燈，打開手機表面的螢光，然後坐下來，

　　看著手機中閃閃發亮的光影，請跟自己好好相處，面對你自己。

　　現在讓你在安靜和靜默當中，

　　回想你過往的生命故事，

　　從出生、幼兒園、小學、國中到高中，

　　現在你想要對自己說一些什麼呢？這就是尊重式說話的起頭。

　　你要先和你的過去和好，也接納你現在的自己。

　　這樣——

　　你才能夠開始經營「從我到我們」的人我關係，

　　自然的執行尊重式說話，沒有虛假和做作，

　　進而擁有穩妥、豐盛的人際關係。

7.1 陳明事實

有效運用尊重式說話，做好尊重對方，必能和對方的內心真實相遇，成就溝通的硬目標，使發訊者從心底接觸溝通，達成仁慈對話。

【問得好】面對你和家人間爆發爭吵，你會怎樣和他對話？

　　志明到新單位上班，工作半年業績卻未見起色，使得志明十分挫折，深深覺得自己並不適任。

某一天，行銷部王經理找志明談，志明頭低的更低，怯怯說：「我想我不適合做這份工作。」但是，王經理卻輕拍他的肩膀，慢慢說：「我在想，你只是還沒找到訣竅，發揮你的潛力而已，我相信你未來一定會表現得很好。」

「因為前些日子你的部門有人離職，你並沒有得到好的交接。又剛好最近這幾個案子也都相當棘手，一般新手並不容易做好。」經理說明事情原委。

志明十分驚喜、感動，他不禁脫口說：「真的嗎？」

王經理笑著對他說：「當然是真的。」經理繼續說：「我相信我的眼光，當初有這麼多人應徵，經過筆試篩選，我還親自面試錄取你，我相信你一定可以把這些事情做好。」

經過王經理的澄清事情並用尊重話語鼓勵打氣，志明努力工作，並且隨時向長輩請益，結果往後九個月，志明獲得全公司的榜首業績，優異表現令人刮目相看。

本章繼續將溝通的焦點置於「說話」的層面。在說話的方面，本章即為說話內容的應用，除上一章的說話基本模式外，本章強調真實的說話需要從「心」開啟對話，透過仁慈話語，達成「**尊重式說話**」（**humble talk**）。

基本上，說話的硬目標在於尊重式說話，表現在尊重對方上。此時，需挺身面對問題本身，不可退縮後退，天真的等待衝突自動消除。

尊重式說話不只是消極不攻擊對方，更是積極進到對方內心，和對方真實接觸。尊重式說話是藉由真正的聽和說，培養彼此尊重，此使兩方能互助合作，共創雙贏。

基本上，尊重式說話包括兩個層次，即澄清真相與邀請對方。在澄

清眞相部分，盧森堡（Rosenberg）指出，包括陳明事實及說出感受兩方面，分別代表理性和感性澄清。同樣的，在邀請對方部分，盧森堡亦指出包括表明需要和提出請求兩方面，分別代表尊重自己與尊重他人【7-1】，如圖7-1所示。

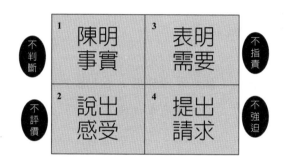

圖7-1　尊重式說話的內涵

資料來源：整理修改自盧森堡（2009）。

　　本節首先說明陳明事實部分，如圖7-2所示：

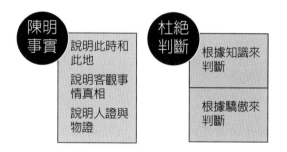

圖7-2　陳述事實不判斷

一、陳明事實的意義

　　陳明事實（**present the truth**）指的是直接說明當時發生的實際狀況，而不加上個人主觀評價。其包括三個層面的事實陳明，茲說明如下：

(一) 說明此時和此地

陳述事實需要說明「此時和此地」（now and here），指出此時和此地所發生的實際情形，說出當時何人做出何種事情，及當時當地所見到的實際情形。在此時，需有如親臨現場般，走遍現場每個角落仔細觀察；像是用攝影機照相般，忠實照出所見到，所聽到，甚至是所聞到，所觸摸到的每件事物。例如這樣的說話：

「客廳中有兩個人，躺臥在沙發上，手上都拿著漢堡和薯條，另有兩罐可樂放在茶几上，以及正開著的電視機。」

(二) 說明客觀事情真相

陳述事實需要說明此時我們需完整且清楚說明客觀事情真相，而不加上任何自己的主觀意見和判斷。例如這樣的說話：

「這個房間的書桌上，有兩瓶還沒喝完的礦泉水，四處散落的四張餅乾包裝紙，以及捲在一起的骯髒衣服，」（這是眼中所見的客觀真相）

而不是這樣的說話：

「這個人很懶惰，非常的骯髒！」（這是個人附加的評斷）

這是因為「你們說的話，是，就說是；不是，就說不是；若再多說，就是出於那邪惡之子」【7-2】。

(三) 說明人證與物證

陳述事實需要說明人證與物證，有如警察辦案般的保留人證和物證的

完整性。人證指事發當時所有在場的人士，以及他們的所聞所見。物證指現場所呈現的動物、植物、物品和資料，儘可能還原現場，以眞實面貌來呈現，無需加油添醋的自行臆測。此外，若有任何旁證亦需加以呈現，如相關的簡報資料、附屬的文案、公司的文件、手機內的簡訊等。

二、杜絕個人判斷

陳明事實的反面就是主觀判斷，主觀判斷是在兩方面進行個人判斷，茲說明如下：

(一) 根據知識來判斷

首先，主觀判斷通常是根據個人的知識來判斷。因爲在人類天性中，很喜歡根據知識來評斷對方，因爲判斷他人即代表你不懂我懂，你不知道我知道，是你不如我來得聰明，這是一種自大。

例如，志明已經是國立大學畢業，到某公司上班，部門中有位隔壁的張姓同事，只是私立的技術學院畢業。因此，志明對他一向不看在眼裡。

某天張姓同事辦好一件案子，被主任誇獎一番。這時志明就說：「這沒有什麼了不起，小兒科嘛，幹嘛這樣大費周章！」

後來，張姓同事犯了一個小錯，公文上數量計算錯誤，讓公司損失兩百元。這時志明就說：「看看！沒學問，沒知識，辦事不牢，錯誤百出了。總之，技術學院畢業的就是不靠譜！」

志明的這段話不僅是個人的批評論斷，而且還言過其實，且以偏概全。

(二) 根據驕傲來判斷

更甚者，主觀判斷亦會根據個人的驕傲來判斷。此時即是代表你的地位低我的地位高，你是錯的而我是對的，是你不如我來得有權力，這是一

種驕傲。

例如，在志明的教學生涯中，曾經碰到有個學生，時常拖延遲交課堂作業，從來沒有準時繳交。因此，志明對他的印象不佳。某天又到交作業的時間，其他同學都如期繳交作業，只有這位同學缺繳。

這時志明腦海浮現一句話：「你是個偷懶、糟糕的學生，你真的已經無可救藥」，志明正要把話說出口又吞回去。直覺到這句話是貼標籤：「偷懶、糟糕、無可救藥」，這是志明個人「評斷」的話，會貶損學生人格和自尊，無助於讓對方以後如期交作業。

事實上，志明應該說：「某某同學，直到今天，你已經是第三次沒有如期繳交作業，你的作業進度嚴重落後，這必然會影響你這門課的成績，甚至你無法在這個學期畢業。」這是志明表達「事實」的話，這清楚說明當時的事實。

又一次，另一位學生繳交的報告內容不佳，令人搖頭，志明也馬上有句話浮上心頭：「這學生真是個笨蛋，大白痴，連這題也不會。」這又是一句「評斷」的話：「笨蛋、白痴」，會打擊學生的自尊心。事實上志明應該說：「這題這樣寫是錯誤的，另外一題這樣寫也不對。」這才是描述「事實」真相的說法。

單純陳明事實而不添加主觀判斷實屬非常不易。人類始祖亞當和夏娃在伊甸園，吃下分別善惡樹的果子之後，就能夠分辨善惡。而分辨善惡最明顯的表現就是評斷他人的優劣，而評斷他人時必定會和對方的價值觀有所牴觸，引發對方的羞愧感、憤怒感，從而開始回擊【7-3】。因此，所羅門王說：「溫良的舌是生命樹，有智慧的必然得人」。所謂溫良的舌是指單純陳明事實而不添加個人判斷的話語，這是屬「生命樹」的果子。因

此，陳明事實是只說出所看見的事實真相，而不增添個人的主觀評判。理由是「甚麼都不要論斷，只等上帝的公義來到，上帝要照出暗中的隱情，顯明人心中的意念。」就是告誡我們只需陳明事實而不添加判斷，在生命樹上和上帝連通，結出生命話語的果子【7-4】。

我們需要單純陳明事實而不加個人判斷，在生命樹上相互對話，在說話中結出生命的果子。

7.2 說出感受

說出感受是進入我們的內心，說出自己內在的真正感覺。

【問得好】你要怎樣學習勇敢說出你心中的真正感受呢？

本節繼續說明邀請對方中的說出感受部分，如圖7-3所示。

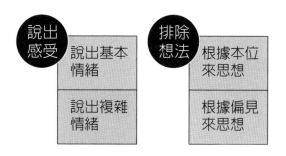

圖7-3 說出感受不評判

一、說出感受的意義

說出感受（**tell the feeling**）是指進入發訊者的內心，直接說出自己內

心的眞正感覺。這時是說出兩個層面的情緒感受，茲說明如下：

(一) 說出基本情緒

基本情緒（**basic emotions**）是人類與生俱來的，人類具備十數種基本情緒，上述情緒通常含有生理因素，全人類皆共同擁有。常見的基本情緒包括「喜悅、憤怒、哀傷、厭惡、恐懼、驚訝等。」而基本情緒常由外界環境所引發，透過人體感受器官來影響人體，如因爲看見、聽見、聞到的事物來產生喜悅，有時亦稱爲古典情緒（classic emotions）。此時的古典情緒指我們的情緒感受，即指傳統的七情六慾，諸如喜歡、驚訝；生氣、憤怒；悲哀、憂心、煩惱、擔憂；快樂、歡呼；憐愛、偏愛；厭惡、憎惡、嫌棄、害怕、恐懼；想要、欲望等各種情緒感受。

說出感受的重點是要說出自己的眞實情緒，而不添加任何想法或意見。基本上，情緒感受是一項眞實事件，它並不存在所謂的「對或錯」的價值判斷【7-5】。例如說出：

「當我來到你房間的書桌旁，看見書本攤在地上，堆成兩堆，沒有整理整齊，我覺得非常生氣」（說出個人內心感受）。而不是說出：

「你的房間太髒太亂了，這樣你一定讀不好書，無法考出好成績」（這是個人主觀的想法）。

(二) 說出複雜情緒

複雜情緒（**complicated emotions**）則是在基本情緒的基礎上，基於不同文化對於基本情緒有不同的解讀，或是在特定社會條件或道德因素下方會生成，故稱爲複雜情緒。常見的複雜情緒包括「窘迫、內疚、害羞、驕傲等。」例如說出：

「孩子，當我看到你數學考三十分這樣的分數，我覺得很內疚；是我不夠努力，沒有把你教好。」

「孩子，當我看到你考上這次的公務員普考，你的努力已經被看見了！你的辛苦已經得到收成！我覺得很開心，也感到很光榮，你不愧是我們家的寶貝。」

二、排除個人想法

同樣的，說出感受的反面就是主觀想法，主觀想法是在兩方面進行個人評判，茲說明如下：

(一) 根據本位來思想

首先，本位思想通常是根據個人的主觀角度來思考。因為在人類天性中，很自然會以自己的立場角度來評斷對方，因為如此評斷對方即代表我的眼光優於你的眼光，我的角度高於你的角度，這是一種自私。

(二) 根據偏見來思想

更甚者，主觀判斷亦會根據以偏概全或以全概偏的傲慢來判斷。即如以偏概全的月暈效果（halo effect），或以全概偏的刻板印象（sterotype image），是代表你要照我的意思想，你要照我的意思做，是你小我大的觀點，這是一種傲慢。

在自己說出感受時，需要觀照發訊者內心，用心體會內心的情感，並直接表示自己的情緒感受。辨明「感受」和「想法」的差異處。基本上，情緒感受是「我覺得」（I feel），是純粹的中性詞語，不帶有任何個人評價味道；至於想法則是「我認為」（I consider），不是中性詞語，而明顯伴有個人主觀評價味道。例如這樣說：

「做為一名舞者，這樣的跳舞，我覺得有點失落！」誠實說出自己感

覺。而

「我認爲我跳的舞曲不夠感人！」則是説出自己主觀本位想法。另外，

「我覺得我們已經被別人誤會！」這是一種既擔心且焦急的實質感受；而

「我認爲我們已經被別人忽略！」則是一句個人主觀評斷的想法。

同理，「感受」屬於生命樹的範圍，是個人眞誠的情緒表述。至於「想法」則屬於「善惡樹」的範圍，是對於某件事情的是非善惡，所下達的價値判斷。

莎士比亞説：「愛情不是花叢下的甜言蜜語，不是桃花源中的通關密語，不是輕細的眼淚刻痕，更不是死硬的強詞奪理，愛情是建立在共同的説話基礎之上的。」這告訴我們，忠於事實眞相並落實實際感受的説話，是建立雙方長久情感的基石。富蘭克林也説：「各種習慣中最難被克服的就是驕傲。雖盡力隱藏它，克制它，消滅它，但最後在不知不覺間，他依舊顯露出來。」人因爲心中的驕傲，容易進行主觀的價値評斷，並隱藏事實眞相，此導致沒辦法忠實呈現心中的實際感受。

春嬌的孩子已經就讀大學，經常看電視或忙於上網，影響到春嬌的睡眠。有個深夜，孩子還不睡覺。春嬌不禁氣急敗壞，便大叫説：「快點給我睡覺，不然你就會爆肝。」這話才剛説完，春嬌就後悔。因爲這句話，不僅孩子完全不理睬，更引發他更大力敲擊電腦，表示抗議。就因爲這句話：「你會爆肝！」完全是春嬌的「想法」，而不是感受。這就如同對癮君子説：「不要抽菸，不然你就會得肺癌。」一樣。適得反效果，對方反而抽更大一口菸，並大力對你吐煙。這時的春嬌應該説她眞實的「感

受」，說：「孩子，你這麼晚還沒睡，媽會擔心你的身體，何況明天一早你還要上課，媽擔心你睡得不夠。」這樣的話會直達孩子的心，也比較能打動孩子，效果遠比直接命令好得多。另外，對於抽菸的孩子，春嬌可以直接說她的感受：「孩子，看到你抽菸，媽心裡很難過，也擔心會傷害你的肺部。」

7.3　表明需要

表明需要就是真實說出當事人內心真實的需求和期待。

【問得好】你要怎樣學習表明你的真正需要呢？

本節繼續說明邀請對方中的表明需要部分，如圖7-4所示。

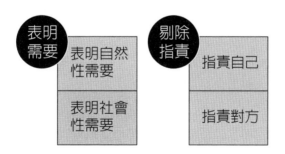

圖7-4　表明需要不指責

一、表明需要的意義

表明需要（**tell the need**）指的是真實說出內心的真實需求和期待，是個人缺乏某種物質時所衍生的一種主觀狀態，代表個人對於客觀事物的需求反映。其包括兩個層面的需要，茲說明如下：

(一) 表明自然性需要

自然性需要（**natural needs**）意指人類為維持生命和種族延續的需要，它是人類天生擁有的，是人類低層次需要。其中包括生存需要與安全需要，是為著生存必需的陽光、空氣、水分、食物、睡眠、排泄和性活動；為著安全必需的避免有害事物和排除不愉快刺激等。

(二) 表明社會性需要

社會性需要（**social needs**）主要是指人類在成長過程中，基於經驗所累積而生成的特有需要，它是人類後天形成的，是人類高層次需要。其中包括愛與歸屬需要、自我尊榮和自我實現需要。其涵括物質和精神需要。就物質需要言，指社會化的物質產出，如適當的精緻美食、化妝衣物、傢俱家飾、交通運輸，以及日常生活用品等；就精神需要言，指文化、藝術、體育、文創、科技、道德、宗教和信仰生活，以及適度的社會交際活動等。

表明需要是誠實說出內心真正的需求和期望，這是一種「未滿足需要」。所謂的未滿足需要，意指心中期盼和外界世界間所出現的差距。心中期望指個人內心所生成的想望，如想準時抵達、從容自在、無拘無束、受到注意等。而外界世界指週遭環境所能提供的供應。基本上，上述需要意指一合情合理的需求（need），是多數人皆能接受的適當期望水準；而非無限上綱的奢華享受的慾望（want），即如王公侯伯般的頂級享宴。例如，表明「我需要次序和美感，因為這是我向來所看重的價值」。

這時，人們會有兩種不同反應，第一種是「體會」；另一種是「指責」。在體會方面，發訊者瞭解自己的需要，並且說出自己真正的需要。當下體會自己內心感受和需要，將會發現自己原來的需要、願景或期盼，並未獲得滿足。因而需要勇敢說出個人需要，以及目前尚未得到滿足的原因。此時實際體會自己內心需要，即是「生命樹」的根源，此時上帝充滿

內心，從而體會自己需要。例如，丈夫對妻子說：

「你沒有收拾好客廳，我很不舒服，因為我需要一個整齊清潔的家，好讓我放鬆心情，紓解壓力。」或妻子對丈夫說：

「你沒有準時回家，我很擔心，因為我需要你的音訊，好確定你是不是安全，讓我放鬆心情，放下重擔。」

在這裡，丈夫或妻子單純體會自己內心未被滿足的需要，並表述出來，此時沒有所謂的誰對誰錯，只有單純生命力量的流露。

實際體會自己內心需要，即是「生命樹」的根源，此時上帝充滿內心，從而體會自己需要。

二、剔除個人指責

同樣的，表明需要的反面就是提出指責，提出指責是在兩方面進行個人指責，茲說明如下：

(一) 指責自己

首先，指責自己是一種防衛機制的運作，認定「我不好」。因為在人類天性中，很自然會以防弊除錯的立場角度來評斷事物。認為必然有一方犯錯，需為這件事情的發展擔負責任，而那一方即是自己，此時即是自卑的心理作祟。例如，丈夫對妻子說：

「家裡客廳亂七八糟，回家我根本沒有地方可以坐下！是我賺得錢不夠多，還是我回家太晚，所以你要這樣對待我。」或妻子對丈夫說：

「你到底跑到哪裡去，一通電話都沒有！是我對你不夠好，還是我上

次得罪你，所以你要這樣對待我。」

(二) 指責對方

再者，指責對方亦屬一種防衛機制的運作，認定「你不好」。在人類天性中，自然需以防弊除錯的立場角度來評斷事物。認爲必然有一方犯錯，需爲這件事情的發展承擔責任，而那一方即是對方，此時即是自大的心理作祟。例如，丈夫對妻子說：

「家裡客廳亂七八糟，回家我根本沒有地方可以坐下！妳眞是個懶惰、骯髒的女人，我從來沒有見過像你這樣不愛乾淨又自私的懶女人，都不整理家裡。」

或妻子對丈夫說：

「你到底跑到哪裡去，一通電話都沒有！你是不愛我了，故意要氣我喔；還是你做了什麼虧心事，在外面有小三，養小老婆。」

指責則是「善惡樹」的思維，這時，發訊者業已先行站立在審判台前，評斷是非善惡，並追究責任執屬，據以要求賠償【7-6】。在這裡是一方的意志加上審判字眼，給予連珠炮指責，結果必然引起反擊，爆發激烈爭辯，彼此定罪傷害，甚至中斷關係。正如聖經說：「你們不要論斷人，就不被論斷；你們不要定別人的罪，就不被別人定罪」，直是暮鼓晨鐘。

接續春嬌的例子，當孩子深夜還沒睡，已經吵到媽媽春嬌，這時春嬌

可以表達她的「需要」，就是春嬌的未滿足需要，春嬌要說：「爸和媽現在要睡覺了，爸媽很怕吵，有聲音就會睡不好，因為爸媽需要一個安靜的空間睡覺。」這是表達真實需要的話。這時春嬌不要「指責」孩子，怪罪孩子說：「都是你看電視聲音太大聲，害得我睡不著，都是你，都是你不好，很Low。」最後加給孩子「不好，很Low」的評斷標籤。因此，春嬌要清楚表達自己的需要，例如：「孩子，媽要早點睡，媽很怕見光，有光媽就會睡不好，因為媽需要一個黑暗的空間來入睡。」這時，沒有誰好誰不好的問題，只有呈現需要。因此，請不要指責別人或指責自己。例如，春嬌不要說：「都是我不好，都是我沒把你教好，使我這麼晚還不能睡覺，我的命真苦！」這樣只會迷糊焦點，是於事無補的。

7.4 提出請求

提出請求是針對某項未滿足需要，期望對方給予適時協助。

【問得好】你要怎樣學習提出你的請求呢？

本節繼續說明邀請對方中的提出請求部分，如圖7-5所示。

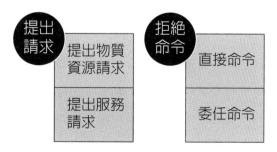

圖7-5　提出請求不強迫

一、提出請求的意義

提出請求（**provide the request**）意指是針對某項需求和期待，即未滿足需要，請求協助，期望對方能夠適時幫助，滿足此項需要。其包括兩個層面的請求，茲說明如下：

(一) 提出物質資源請求

物質資源請求（**physical requests**）意指發訊者期望收訊者能夠提供具體的物品或財物資源，來協助改善現有環境的行動。例如，供應物資、借用車輛、提供錢財、借用物品、提供消息資訊等。例如，提出物質需求要這樣說：

「我需要一台腳踏車，好趕去參加同學的聚會。請你借我腳踏車好嗎？」或

「我需要一顆籃球，好跟同學一起打球。請你借我籃球好嗎？」

(二) 提出服務請求

服務請求（**service requests**）主要指發訊者期望收訊者能夠提供體力的服務或勞動，來協助改善現有環境的舉動。例如，幫忙購買物品、搬移物品、傳遞信件、清洗物品、通報消息等。例如，提出服務需求要這樣說：

「我需要看到一個整齊清潔的房間，請你收拾好書桌，將礦泉水瓶、餅乾包裝紙、骯髒衣物都收拾乾淨。」或

「我需要看到一個乾淨清潔的小孩，請你脫掉髒衣服，進去洗澡，將頭髮洗乾淨，同時也請你把髒衣服丟進洗衣籃內。」或

「請你將你的房間收拾乾淨好嗎，因為半小時後有客人要來。」

　　這是提出個人服務請求，而非命令對方必須遵守。若是命令對方，便是直接說：

　　「髒死了，趕快收房間，馬上就收。」

　　發訊者在提出請求時，需要具體點出收訊者需要協助完成的事情。而所請求的事項若是愈清楚、具體、可行，則收訊者便更容易執行完竣。發訊者在必要時可邀請收訊者覆誦一遍所請求的事項，來確認收訊者業已全然知道發訊者的請求。

二、拒絕命令強迫

　　發訊者在提出「請求」時，需要區分「請求」和「命令」的不同。命令強迫是強制性的，對方不可拒絕執行，命令包括兩個層面，茲說明如下：

(一) 直接命令

　　首先，直接命令（direct orders）是發訊者直接下達的命令，認定收訊者「必須馬上執行」。直接「命令」帶有絕對強制色彩，收訊者僅能被動接受，無法抗拒。這時收訊者的反應，必然心不甘情不願，以致於常會產生藉故拖延、拖泥帶水，甚至陽奉陰違的行動，即導致「上有政策，下有對策」。例如，父母親會說：

　　「你應該把房間收拾乾淨，你現在馬上做，不然就扣零用錢。」或
　　「你應該躺在床上睡覺，你現在馬上睡，不然明天就不准出門。」

(二) 委任命令

　　再者，委任命令（delegative orders）是發訊者根據法律明文規定或上

級單位的委任與授權，所下達的命令，認定「按規定需要執行」。這時候，委任「命令」是狐假虎威，仍有一定的強制成分，收訊者仍是難以抗拒。例如，同學會說：

「你應該把這裡打掃乾淨，現在馬上就掃，不然就告訴老師。」或
「你應該把這個位置讓出來，現在馬上就讓，不然就告訴老大。」

事實上，收訊者面對發訊者的「請求」時，是可以自由選擇接受或拒絕的。即依照所請求事項內容的難易度，以及當下的主客觀形勢，決定是否接受該項請求。這時候，發訊者給予收訊者一個可資迴旋的空間，而收訊者則能夠表現其自由意志，而沒有任何的強迫或逼迫。

面對發訊者的「請求」，收訊者可以自由選擇接受或拒絕。

繼續春嬌的例子，夜深了，春嬌要睡覺，而春嬌的孩子卻看電視或上網。這時春嬌除提出需要睡覺的需要，春嬌也可提出這樣的請求，希望孩子協助完成。春嬌可以說：「爸和媽要睡覺了，請你把電視機的聲音關小聲一點，也幫爸關客廳的燈，好不好？」

當春嬌提出這樣的「請求」，就是給對方回答的空間，孩子有權接受或拒絕這個請求。這時候孩子會看當時的情況，決定要不要接受春嬌的請求；一般來說，只要請求內容合情合理，不要強人所難，相信出於善意，孩子會接受春嬌的請求，造成雙贏。這時春嬌千萬不可使用權威，用「命令」口吻，說：「都給我馬上睡覺，現在就去。」這樣說會導致溝通中斷，就算孩子勉強配合，也只是虛應故事，甚至上有政策下有對策，造成雙輸。

　　這時，完成本章的【行動作業】是個不錯的嘗試，可具體學習怎樣進行尊重式說話，從而建立穩固的人際關係。

【智慧語錄】

　　每個人身上都有太陽，主要是你要如何讓它發光。

　　　　　　　　　　——蘇格拉底（Socrates），古希臘哲學家

　　質樸話語比起巧妙的言辭更能打動我的心。

　　　　　　　　　　——莎士比亞，（William Shakespeare），文學家，

　　　　　　　　　　《奧賽羅》、《哈姆雷特》、《李爾王》作者

【本章註釋】

7-1 有關陳述事實、說出感受、表明需要、以及提出請求的內容，敬請
參閱阮胤華譯（民98），愛的語言──非暴力溝通（馬歇爾・盧森堡
著），台北市：光啓文化出版。

7-2 「你們的話，是，就說是；不是，就說不是；若再多說，就是出於那
惡者」，原文出自聖經馬太福音第5章第37節。

7-3 當雙方的價值觀發生碰撞時，如何能以換位思考的方式，站在對方的
立場思考，絕對是成熟人格中的一種關鍵特質。

7-4 敬請參閱徐成德譯（民100），《復活的力量》，羅雲・威廉斯著，
台北市：校園書房出版。

7-5 情緒感受是參雜各種感覺、思想和行為後，綜合生成的複雜心理和
生理狀態，也是針對一連串主觀認知經驗的統稱。詳情敬請參閱
Robbins, S.P. (2013), Organization Behavior, the fifthteen edition, Prentice-
Hall, Inc.

7-6 敬請參閱陳澤義（民104），《生涯規劃》，台北市：五南出版。

【行動作業】

1. 請試著針對最近發生的特定事件，說明在這整個特定事件溝通中，你有哪些是陳述事實與說出感受，而不加上個人判斷或提出個人想法。

2. 在這整個特定事件溝通中，你有哪些是表明需要、以及提出請求，而不落入指責對方或命令對方？而在這個特定溝通經驗，你自己有哪些成長？

第八章　對話管理

【清風漫步】

現在請留意你的呼吸！

想像你每吸一口氣就像是吸進上帝的慈愛，

吸入一口氣息，這一份愛的能量就穿透你的全身細胞，

先停下來感受一下，你是不是覺得自己很可愛呢？

你的一舉手，一投足，動和靜之間，是不是都是姿態優雅，笑容可掬？

另外，你的每吐一次氣，就代表一連串的卸下重擔和壓力釋放，

也就是倒出你的心中憂愁、煩躁、憤怒和不安的情緒。

在你的內心中，這些負面能量是不是都已經完全拋開？

若是你能夠感受到，你活在這份愛的幸福光景裡，

上帝給你愛的呼吸，就已經充滿在你的全身當中，

充滿在你全身上下的每一個細胞中。

那麼，當你出去接觸周圍的人，你一定可以散發正向的能量，愛的能量，

做出有意義的人際溝通，體驗到真正的和諧人生，

就會形成人際關係中，愈溝通愈幸福的豐收光景，

而這正是人際對話的核心部分。

8.1 三種對話角色

發訊者和收訊者之間的對話有三種不同位階，可以忽高忽低，一回高下回低，彈性多變化，我們需要拿捏得恰到好處，好像天鵝湖般的美妙。

【問得好】你怎樣才能夠有彈性的扮演多個交流角色呢？

有一位大學生請教陳老師，要怎樣做才能獲得人生智慧。

「智慧來自於能做出正確的決定，」陳老師緩緩說道，

「那要怎麼樣才能做出正確的決定？」大學生問道，

「這要從原則和經驗雙管齊下，」陳老師這樣回答，

「那怎麼樣才能得到原則和經驗呢？」大學生繼續追問著，

「這個嗎，從聖經中可以找到很多人生原則；至於經驗則要從做錯誤決定中獲得！」陳老師笑著回答。

「例如，每次爆發的爭吵衝突，就表示雙方在溝通的過程中發生障礙，這就需要用交流對話分析，好好面對，」陳老師舉例說明後，學生點點頭。

聖經記載很多人生基本原則，若能遵守原則，可讓人少走很多冤枉路，因為遵守命令的必定少遭禍患，這是千古不變的真理。至於做出的每個錯誤決定，也是十分寶貴的人生經驗，正是：「不經一事，不長一智；前事不忘，後事之師。」我們需要記取寶貴人生經驗，才不會白白受苦，原地空轉，虛度光陰。

再經歷過「聽」、「問」、「說」的三個溝通階段後，本章開始將溝通的焦點轉成彼此「對話」的層面。

　　首先要指出的是，對話（dialogue）一詞，乃是「dia」與「logue」的合體字，其中「dia」意指穿透，而「logue」則取自「logos」的字形，意指字面意義的本身。故對話即需穿透雙方說出話語的字面本身意義，進入內心深層的交流，這也是雙方進行對話交流溝通的真義【8-1】。

　　這時若要表現對話溝通的能力，恩里貝能（Eric Berne）的**PAC交流分析**（**PAC transactional analysis, TA**）【8-2】便十分有用，如圖8-1所示。

圖8-1　PAC三種交流角色

　　PAC交流分析即有如雙人打桌球、打羽球或打網球一般，在說話時係一來一往且有來有往，規律的輪番發言，同時輪流聽話。這時就需要若干的對話規則，有如道路交通規則一般的大家遵守，方能確保溝通的流暢通順。PAC交流分析即如溝通高速公路上的交通規則，車輛駕駛人藉由適當運作以達成有效對話溝通，並且避免溝通翻車，成為雙方對話溝通的潛規則。

　　申言之，發訊者表達自己意見時，如依照說話語氣口吻的位階高低，可區分成三種位階，分別表示父母、成人、兒童身分，即成為PAC交流分析。至於PAC的說話角色，即為藉由父母（parent, P）、成人（adult, A）、孩童（child, C）的三種對話角色，所交叉成的九種對話組合。即指發訊者和收訊者在對話交流中，所表現出的命令下達、倚老賣老、理性溝

通、撒嬌弄姿、天眞孩童等對話形式，進而開始超越字面本身的意義，開始進行對話。即PAC交流分析模式具有三種對話交流身分，如圖8-2所示。茲說明如下：

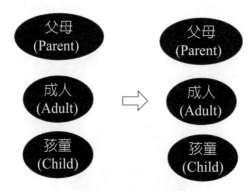

圖8-2　PAC對話交流

資料來源：整理自恩里貝能（1950）。

發訊者表達自己意見時，如依照說話語氣口吻的位階高低，可區分成三種位階，分別表示父母、成人、兒童身分。

一、父母的身分

「父母」（P）的身分角色，係發訊者以長者或權威人士的優越感位階，以高姿態和收訊者對話。此時發訊者在說話時，係根據個人主觀印象，站在高處位階對收訊者發言，表現強制獨斷和強勢掌控風格。至於父母身分的說話方式，可細分爲三種子表達形式，茲說明如下：

1. 父母對父母（P對P）：此時係表現出父母對父母般的老成持重。例如，「現代的年輕人都不太懂事，都不太有禮貌」。

2. 父母對成人（P對A）：此時係表現出父母對成人般的倚老賣老。例如，「小老弟啊，要聽我的勸，其實我走過的橋，比你走過的路還要多

得多」。

　　3. 父母對兒童（P對C）：此時係表現出父母對兒童般的命令權威。例如，「不准再玩了，快點念書，立刻就去」。

二、成人的身分

　　「成人」（A）的身分角色，係發訊者以理性溝通方式表達意見，以平輩姿態發言，和收訊者對話，展現論證說理的姿態。至於成人身分的說話方式，可細分為三種子表達形式，茲說明如下：

　　1. 成人對父母（A對P）：此時係表現出成人對父母般的恭敬尊重。例如，「請你讓開，不要管我這件事情，可以不可以」。

　　2. 成人對成人（A對A）：此時係表現出成人對成人般的理性思辯。例如，「根據最新的統計資料顯示，台灣每三對的新婚夫婦，就會至少有一對夫婦是以離婚收場，值得警惕」。

　　3. 成人對兒童（A對C）：此時係表現出成人對兒童般的命令下達。例如，「現在立刻給我回家，因為時間已經很晚，你沒有理由留在這裡」。

三、兒童的身分

　　「兒童」（C）的身分角色，係發訊者以天真無邪的溝通方式表達自己意見。說話位階是以低姿態位置發言。至於成人身分的說話方式，可細分為三種子表達形式，茲說明如下：

　　1. 兒童對父母（C對P）：此時係表現出兒童對父母般的撒嬌耍賴。例如，「你必須讓我購買這一套洋裝，拜託、拜託你，千萬拜託了」。

　　2. 兒童對成人（C對A）：此時係表現出兒童對成人般的投機取巧。例如，「媽媽說我可以晚點回家，只要我有打電話回家說一聲就行」。

　　3. 兒童對兒童（C對C）：此時係表現出兒童對兒童般的天真無邪。例如，「讓我們繼續玩耍，繼續玩耍，我就是愛玩，哈哈哈」。

　　這時發訊者係運用上述三種角色，和收訊者進行交流溝通，形成「交流分析」，其可細分成互補式交流、交錯式交流兩種子形式，本節先說明互補式交流如下述：

8.2 互補式對話

發訊者和收訊者之間的對話就像是打乒乓球一般，在雙方話語一來一往之間，掌握的恰到好處，就會像是雙人芭蕾舞般的美麗，這就是對話溝通力的巧妙之處。

【問得好】你上次和家人快意溝通時，你是怎樣和他對話的呢？

　　互補式對話（**complementary transaction**）指發訊者的意見表達方向，和收訊者的意見回應方向間，即刺激和反應的互動路徑，呈現出「平行式」的互補形式。發訊者和收訊者的交流路線平行通暢，並沒有出現交叉衝突和交錯衝撞情事，為優質的交流互動形式，如圖8-3所示。以下列舉四種常見的互補式對話交流形式【8-3】：

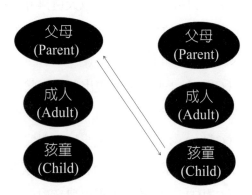

圖8-3　PC對CP互補對話交流形式

資料來源：整理自恩里貝能（1950）。

一、（P對C）與（C對P）

若發訊者以父母對兒童（P對C）的權威命令型態表述時，收訊者則回應以兒童對父母（C對P）般的順命服從形態，此時便形成PC對CP的互補式交流對話。這時由於發訊者以長者發言位階自居，收訊者則順應以孩童位階行動，便形成互補順暢的交流形態。例如：

P對C發訊：「這件事情沒有完成，該當何罪？」
C對P回訊：「是的，小的罪該萬死，甘願受罰。」

P對C發訊：「還不快點給我拿著包包。」
C對P回訊：「老佛爺吉祥，查，奴才接旨！」

P對C發訊：「這是你的責任，你忘記了嗎？」
C對P回訊：「是的，老婆大人，小的這就去辦。」

P對C發訊：「你什麼都會丟，你到底什麼東西不會弄丟！」
C對P回訊：「老闆大人，我丟掉過很多東西，但是我絕對不會把你弄丟。」

二、（A對A）與（A對A）

若發訊者以成人對成人（A對A）的理性思辯姿態發言時，收訊者則回應以成人對成人（A對A）的理性應對型態，此時會形成AA對AA的互補式交流對話。例如：

A對A發訊：「我相信你能夠完成這件任務。」
A對A回訊：「是的，如果沒有意外的話，我一定可以完成它。」

A對A發訊：「我想，現在我們必須先坐下來，好好談談。」

A對A回訊：「對啊，只有心平氣和把話說清楚，才能真正解決問題。」

A對A發訊：「根據新聞報導，最近油價電價都上漲，老百姓的日子更加難過。」

A對A回訊：「沒有錯，什麼都漲就是薪水沒漲，也難怪老百姓這些日子都怨聲載道。」

三、（C對A）與（A對C）型

若發訊者以兒童對成人（C對A）的低位階發言撒嬌時，收訊者則回應以成人對兒童（A對C）的理性照管型態，亦會形成CA對AC的互補式交流對話，同樣可形成順暢交流，此類型交流經常發生在夫妻、同事間的溝通上。例如：

C對A發訊：「幫幫忙，我快不行了，只有你能夠幫助我！」

A對C回訊：「沒有問題，這一件事情就包在我的身上，你得救了。」

C對A發訊：「人家不管啦，我就是要它，我就是喜歡這個東西嘛！」

A對C回訊：「好了，寶貝，看在你這麼喜歡的份上，買給你就是了。」

四、（A對P）與（P對A）型

　　若發訊者以成人對父母（A對P）的理性語調發言時，收訊者則回應以父母對成人（P對A）的監督防範與控制型態，此時會形成AP對PA的互補式交流對話，亦會形成順暢交流，此類型交流亦常發生在夫妻、上下級、同事間的溝通上。例如：

　　A對P發訊：「來，幫我看一下地圖，我想我快要迷路了！」

　　P對A回訊：「沒有問題，這裡我很熟，我們不會迷路的，不過，我還是先看一下衛星導航定位。」

　　A對P發訊：「這件事情，可能需要先請示主任的意見。」

　　P對A回訊：「我想也是，這事不能草率決定，我們一起到主任辦公室走一趟。」

　　基本上，由於前述發言刺激和回應反應的交流路徑，係呈現出彼此平行的交流路線，並未形成相互交錯與彼此交疊型態，因此會形成順暢交流的良好溝通。正如「一句話說得合宜，就如金蘋果落在銀網子裏【8-4】。」實在是無比美好的。

五、美好對話的交流經驗

　　發訊者和收訊者間的對話實值得經營，以收美好交流體驗，形成身心舒暢的效益。例如以下對話：

發訊者和收訊者間的對話實值得經營，以收美好交流體驗，形成身心舒暢的效益。

工作忙碌一天，志明覺得超累，在家門前的巷子口，志明看見妻子春嬌便說：

「我好累，整個人快要癱掉，我的腳好痠好痠，我走不動了，」志明不自覺以孩子對父母說話的向春嬌撒嬌。

「可憐蟲，瞧你累成這個樣子，來，我扶你一把，回到家裡，先給你捶捶背，馬殺雞一下，」春嬌回覆以成人對小孩般的對話，張開雙手回應志明的需要，

「待一會兒我要用那個精油！」志明還是像孩子般的向父母親要東要西，

「那有什麼問題，馬上給您伺候。」春嬌仍以父母般溫柔回應孩子的需要，由於彼此溝通順暢，加上精油按摩，這使志明感到十分舒爽。

就在志明休息許久，抹完精油，也洗個熱水澡，躺在沙發上閉目養神後，元氣恢復不少。春嬌這才將身體靠過來說：

「老公，你知道明天是什麼日子嗎？」春嬌像孩子般的對父母說話，對志明撒嬌，

「嗯，先別說，讓我來猜一猜。哦！明天是你重新上班兩週年紀念日，這真是值得慶祝的大日子，」志明用一種國王般的口氣，以父母對孩子的說話口吻，宣布這個結果。

「那我們要怎麼樣來慶祝呢？」春嬌仍然以孩子氣的對父母說話。

「我們先一起在好口味餐廳吃午餐，然後，我們一起去土城玩，賞油桐花，好不好？」志明好整以暇的慢慢說出計畫，一如父母哄孩子般的溫柔對話。

「好耶，讓我們一起去好口味餐廳吃午飯吧，」春嬌興高采烈的回應著。

「太棒了！」志明也高興的附和著。因著志明與春嬌之間相互對話的

順暢，彼此能夠享受美好的休閒時光。

8.3 交錯式對話

發訊者和收訊者之間的對話若形成交錯交流，將會失去控制，產生有如高速公路爆發車禍般，車群連環碰撞，哀鴻遍野。

【問得好】你上次和你的家人發生爭吵時，你是怎樣和他對話的呢？

　　本節繼續說明PAC分析中的交錯式對話部分。

　　交錯式對話（**crossed transaction**）指發訊者的意見表達方向，和收訊者的意見回應方向間，即刺激和反應的互動路徑，呈現出相互「交叉」的交錯型態，導致產生交流中斷的對話衝突和糾結交錯情事，形成相對劣質的交流互動型態，應該予以規避，如圖8-4所示。以下亦列舉三種常見的交錯式對話交流形式【8-5】：

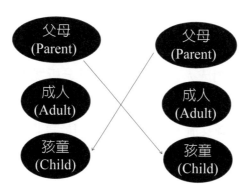

圖8-4　PC對PC的交錯對話交流形式

資料來源：整理自恩里貝能（1950）。

一、（P對C）與（P對C）型

　　若發訊者以父母對兒童（P對C）的高位階姿態，以命令式交流型態發言時，收訊者亦以父母對兒童（P對C）的高位階姿態，以指責式口吻回應，此時發訊者和收訊者間即會形成PC對PC的相互交錯式對話型態。由於發訊者採行命令式口吻發言而收訊者心不服氣，亦採行同型口氣回應發訊者。基於發訊者和收訊者都以高位階的掌控式發言，即會相互碰撞，導致交流對話發生衝撞而中斷，上述交流形式通常會出現在上級對下級間、父母對子女間、丈夫對妻子間。例如：

　　P對C發訊：「快點給我去洗澡，你沒有看到我現在要洗衣服嗎？」
　　P對C回訊：「你沒有看到我現在正在讀書嗎？我現在沒有空洗澡。」

　　P對C發訊：「電視機的聲音開太大聲了，給我關小聲一點。」
　　P對C回訊：「要你管，電視機我愛開多大聲就開多大聲。」

二、（A對A）與（P對C）型

　　若發訊者以成人對成人（A對A）的理性分析型態發言，收訊者卻以父母對兒童（P對C）的高位階武斷回應，此時即會形成AA對PC的交錯式對話，同樣會導致中斷交流，接下去雙方很可能言語漫罵，相互傷害。此經常會發生在上級對下級間、同事間、夫妻間、兄弟姐妹間。例如：

　　A對A發訊：「我告訴你，家裡現在的開銷很大，你能不能就少花一點錢，不要買手機。」
　　P對C回訊：「你不可以管我，我就是一定要買這支手機。」

A對A發訊：「請你去倒垃圾，因為家裡待一會兒有客人要來，家裡面有垃圾的味道，很沒有禮貌。」

P對C回訊：「叫弟弟去啦，我現在很忙，沒有空倒垃圾。」

三、（A對A）與（C對P）型

若發訊者以成人對成人（A對A）的理性分析語氣發言，收訊者卻以兒童對父母（C對P）的低位階撒嬌回應，這時亦會形成AA對CP的交錯式對話，導致交流中斷，此經常會發生在上級對下級間、同事間、夫妻間、兄弟姐妹間。例如：

A對A發訊：「我告訴你，家裡現在的開銷很大，你能不能就少花一點錢，不要買手機。」

C對P回訊：「人家不管啦，人家就是喜歡，喜歡這款的手機。」

A對A發訊：「現在，爸爸躺在醫院，需要有人照顧，我看，我們輪流照顧爸爸好嗎？」

C對P回訊：「不要叫我，這不關我的事，我不會做這件事的。」

這時，由於發訊者發言表述和收訊者回應反應的對話交流路徑，已經出現相互交叉，而非相互平行的情形，故會導致意見交錯、交流阻擾，導致交流中斷，甚至形成相互漫罵的後果。

四、（P對P）與（P對P）型

此外，需特別留意的是，在互補式對話中，另有發訊者和收訊者皆以父母對父母的PP對PP對話形式，此時固然並未發生交錯交流的衝突危險。然而，由於發訊者和收訊者都採用高位階的獨斷語言，非常容易擦槍

走火，導致混亂，形成壓制和反制的惡性循環，需特別留意。例如：

P對P發訊：「你把衣服洗一下，家裡現在很亂。」

P對P發訊：「你沒有看到我很忙，你找別人做吧。」

五、（C對C）與（C對C）型

同樣的，CC對CC的發訊者和收訊者皆以兒童對兒童的對話方式，此時極可能形成場面混亂的結果，產生低效率的無政府形態，亦需特別留意。例如：

C對C發訊：「不管，不管了，我今天不想要做晚飯。」

C對C回訊：「不做就不做，那就完蛋了，大家都沒有晚飯吃了。」

總之，在對話的方面，個人對生活的感受，某層面是表現在對他人的對話品質上，這是通往幸福溝通的踏腳石，也是做自己人生CEO的敲門磚，這形成個人的對話溝通力。簡言之，個人和他人建立關係、強化關係和維護關係時，需要展現溝通力，避免因為對話方式不協調，爆發衝突衝撞，破壞關係。

【智慧語錄】

爭吵是一種每個人都愛玩的遊戲。然而它是一種奇怪的遊戲，沒有任何一方曾經贏過。

——富蘭克林（Benjamin Franklin），科學家，發明電力

　　只有肚子餓的時候，吃東西才有益無害，同樣的，只有當你有愛心的時候，去同人打交道才會有益無害。

　　　　　　——托爾斯泰（Tolstoy），文學家，《戰爭與和平》作者

【本章註釋】

8-1 敬請參閱陳淑婷譯（民103），《對話力：化衝突爲合作的神奇力量》（二版）（丹尼爾・楊格洛維奇著），臺北市：朝邦文教基金會出版。

8-2 有關恩里貝能（Eric Berne）的PAC交流分析，敬請參閱Eric Berne (1950), Game People Play (PAC)。以及邱美華、陳愛娟、杜惠英（民100），《生涯與職能發展學習手冊》，台北市：麗文文化出版。

8-3 互補式交流指指發訊者的意見表達方向，和收訊者的意見回應方向間，即刺激和反應的互動路徑，呈現出「平行式」的互補形式。

8-4 「一句話說得合宜，就如金蘋果落在銀網子裏。」出自所羅門王箴言第25章第11節。

8-5 交錯式對話指發訊者的意見表達方向，和收訊者的意見回應方向間，即刺激和反應的互動路徑，呈現出相互「交叉」的交錯型態。

【行動作業】

現在請試著針對一個特定事件，說明你需要怎樣進行PAC交流溝通，透過交流分析適當處理，來尊重雙方的對話位階。

第九章　主動與建構對話

【白雲漫步】

　　在夏日午後，在公園中找一張木製的長條椅，

　　自己舒服的坐下，緩慢的回想若干事情。

　　想一想，你做什麼事情時，會做下去就做很久，一點都不會累，

　　是什麼樣的事情，讓你神馳其中，

　　那時有哪些人，在什麼時候、在什麼地方，

　　現在再體會一下你當時的心情，

　　同時也想一想是什麼會帶給你那一股腦子勁。

　　再想一想，這件事情和你的主動和建構對話有什麼關聯，

　　因爲你在這樣的對話過程中，獲得一股能量，

　　是一道清新的泉源，這時要連到你的主動和建構對話的方式，

　　來，讓我們藉由回想這段對話，產生向上的態度，

　　甚至是積極的力量，面對你的工作或家庭，

　　使你發生快樂的動能，甚至是獲得足夠的熱情，

　　改善你的人際關係，迎接明日的戰場。

9.1 正向對話管理

人間最甜美的聲音是讚賞的話，人群中最動人的感動是感恩的心，有了以上正向的話語，人間就已經像是天堂。

【問得好】你會怎樣開始正向的對話機制？

本章繼續將溝通的焦點置於「對話」的層面。在對話的方面，除上一章的PAC交流分析外，本章即爲對話的進階應用，主要的要點則是主動與建構對話。

本章係說明主動與建構對話（**active-constructive responding, ACR**），係一種正向式對話回應，藉此擴大並建構所有可用的正向資源，以豐富雙方對話的內容。此方法係由佛德利克生（Barbara Fredrickson）所提出，係其**擴張建構理論**（**broaden-and-build theory**）中最爲重要的一環【9-1】。

一、主動與建構對話基本意涵

主動與建構對話的要旨應包括主動回應和建構回應兩大部分，茲說明如下：

(一) 主動回應

主動回應（**active responding, AR**）意指收訊者主動積極地回答發訊者所提出的問題，乃至於主動且熱切地回應發訊者所提供的意見。此時係藉由熱烈歡迎、衷心感謝、讚賞支持、鼓舞情境等方式，主動承接發訊者的意見、提議或提問。正如「說話浮躁的，如刀刺人；智慧人的舌頭卻爲醫人的良藥【9-2】。」

主動回應的重點在於收訊者主動積極承接發訊者的情緒、心情和感受，以及同意發訊者的意見。至於主動式回應的例證即如下述：

發訊者首先說：「我升遷了！」

收訊者則主動回答發訊者說：

「太棒了，你是怎麼做到的，這真是個超讚的感覺，豈不是嗎？我眞

的爲你感到驕傲和光榮，我也明白這次的升遷對你是多麼的重要。」

此時收訊者係藉由主動回應，在情緒和感覺上，正向承接發訊者的快樂心情。

主動回應的重點在於收訊者主動積極承接發訊者的情緒、心情和感受，以及同意發訊者的意見。

(二) 建構回應

建構回應（constructive responding, CR）即收訊者邀請發訊者詳述其所提出事件或意見的內容。此時收訊者係藉由邀請發訊者詳細表述的動作，使發訊者能夠有機會就某事件的人事時地物，做出詳實的說明。甚至提供較爲具體的誘因機制或管制措施，以正向、具體的回應發訊者的意見、提議或提問。

建構回應的重點在於收訊者搭建起一個平台或一座橋梁，使發訊者得以在其上盡情發揮。至於建構式回應的例證亦如前例：

收訊者繼續接下去，一口氣說以下四個回應：

「現在請仔細的告訴我這一切的過程，好嗎？」
「當老闆告訴您這大好消息的時候，你人在哪裡？」
「老闆他是怎麼說的，你又是怎麼回答的？」
「現在，讓我們好好慶祝一下吧！」

二、四種不同的回應方格

如以主動被動以及建構破壞來區分，賽利格曼（Seligman）指出，可

將回應對方的方式細分成四種回應方格【9-3】，如圖9-1所示，茲說明如下：

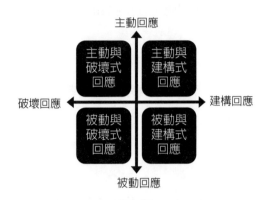

圖9-1　四種不同的回應方格

(一) 主動與建構式回應

　　主動與建構式回應位居方格的第一象限，係一最為正面的回應方式，係收訊者以熱心、支持、利他的對話回應發訊者。此時即熱烈承接發訊者的心情，並鼓勵發訊者進一步描繪剛才提出事情的細節內容。

　　例如，某天當志明向妻子春嬌說：

　　「我的新書『管理與生活』被五南出版社接受出版了！」志明說：

　　「太好了，這真是天大的好消息啊！你的努力終於獲得應有的回報！」春嬌就主動回應說：

　　「這件事情對你十分重要，上帝垂聽禱告，鼓勵你繼續寫作。」春嬌繼續主動回應說：

　　「快點告訴我多一點，到底是發生哪些事情，我好想多聽一些。」春嬌接著建構回應說：

當先生志明說完整個事件的頭尾後，後來妻子春嬌繼續建構回應說：

「眞是峰迴路轉，上帝關上一扇門，也爲你打開一扇窗。讓我們一起慶賀吧！」

這時志明說出很多當下的心情、感受，志明心中滿了快樂。因爲春嬌在此時此刻，使用主動式建構回應，加上正面肯定語句，便擴增數量更多、興奮更高的快樂心情。

(二) 主動與破壞式回應

主動與破壞式回應位居方格的第四象限，是一中性的回應方式，係收訊者雖正面回應此事，但刻意以其他要事爲由，忽略此事件的詳細內涵，甚至不容發訊者回應相關的提問或意見。這樣容易澆熄發訊者的熱火，形成發訊者識趣般知難而退，快速退燒的情形。

例如，某天當志明向妻子春嬌說：

「今天老闆告訴我，下個月我就要升主任了！」

「那就是你的責任增加了，那你以後會常加班，晚上不會在家了？」春嬌以破壞式回應說話。同時春嬌的愁鎖雙眉，表現出負面的身體語言。

(三) 被動與建構式回應

被動與建構式回應位居方格的第二象限，亦是中性的回應方式，係收訊者係以資料蒐集、檢方辦案的方式，回應發訊者。這樣容易淪爲公事公辦的冷淡溝通，發訊者少了被支持和被瞭解的感受，以致於草草了事。

例如，某天當志明向妻子春嬌說：

「今天老闆告訴我，下個月我就要升主任了！」

「這個很好，這是你應得的！」春嬌以被動式回應說話。同時春嬌忙著滑手機，不再有主動的情緒傳達的身體語言。

(四) 被動與破壞式回應

被動與破壞式回應位居方格的第三象限，係一最爲負面的回應方式，係收訊者直接指出此事件的負面處，並且不給發訊者辯解的機會，藉以處罰發訊者。這樣直接會使溝通中斷，發訊者憤恨不平的離去，導致雙方關係的損傷。

例如，某天當志明向妻子春嬌說：

「今天老闆告訴我，下個月我就要升主任了！」

「晚餐吃什麼？」春嬌直接轉換話題，以被動破壞式回應說話。同時春嬌即行起身、離開房間，和志明沒有任何的眼神接觸。

三、四種不同的回應心態方格

在回應心態上，賽利格曼（Seligman）繼續指出，可依照「自己與他人」、「好與不好」的兩個構面，細分成自主式回應、被動式回應、攻擊式回應與毀滅式回應等四種心態，即回應心態方格。茲說明如下：

(一) 自主式回應

自主式回應是「我好—你也好」形式的回應。在回應過程中，明顯正面成熟的回應，如此一來即能促成眞正的瞭解對方，也能夠就事論事，眞正的解決問題。

例如，作出以下的回應：

「眞是太好了，太棒了！」

「我真是為你感到高興！」

「真心希望大家都能幸福、快樂！」

「加油！加油！讚！讚！讚！」

(二) 被動式回應

被動式溝通是「我不好─你好」形式的回應。在回應過程中，明顯呈現出自己傷害自己的語氣，出現負面的語彙。如此一來，由於產生自己的負面情緒，進而主導對話的方向，將焦點轉到自己的身上。

例如，作出以下的回應：

「都是我不好。」

「這一切都是我的錯。」

「糟糕，是我把事情搞砸了！」

「我就是笨！」其又可分為對上級、對同事、對下屬的反射型回應。

(三) 攻擊式回應

攻擊式回應是「我好─你不好」形式的回應。在回應過程中，明顯呈現出傷害對方的語氣。此時，即容易產生尋找代罪羔羊的氣氛，進而形塑必須有人扛擔責任的氣勢，使對方感受壓力，致使對話容易中斷。

例如，作出以下的回應：

「都是你的錯！」

「這一切你都要負責。」

「你怎麼把事情搞砸成這樣！」等負面的語彙。

(四) 毀滅式回應

毀滅式回應是「我不好—你不好」形式的回應。在回應過程中，明顯呈現出傷害自己也傷害他人的語氣。在此種情況下，容易形成許多的對話地雷區，只要任何對話誤入此區，即形成爆炸衝突導致傷害，於是乎閒人免進，形成無人聞問的悲慘世界。

例如，作出以下的回應：

「所有的人都爛透了！」
「這一切全部都完了！」
「真是混蛋，所有的人都該殺，都該死。」
「全部攏給它死！」等負面的語彙。

9.2 主動對話能力

主動與建構語句是可以練習而得的，只要遵照面對鏡子練習、說正面的事情、發現心底的抗拒、計算羅沙達比例等四個步驟，便可輕鬆練成。

【問得好】你會怎樣練習用主動和建構語句來說話？

現在，就是你開始建立主動與建構回應好習慣的時候，因為這會使你大步邁向幸福快樂的旅程。

一、練習主動與建構語句

賽利格曼（Seligman）指出，練習主動與建構語句包括四項步驟【9-4】，如圖9-2所示，說明如下：

(一) 面對鏡子練習

對著鏡子練習說出主動與建構的語句，也就是正面的語句。當練習正向肯定的說話時，對著鏡子練習是個不錯的方式，因爲可以看到自己臉部的表情和感覺。現在請眼睛正視鏡中的你，然後大聲說出正面的語句吧。

圖9-2　練習主動與建構語句四步驟

此時通常要說的第一句話包括：

「我願意改變」、「我是很棒的」、「我是好孩子」、
「我是人見人愛的」、「我是個有用的人」、「我可以做得到」、
「這一切難不倒我」等。

再一次提醒，鏡子可以幫助你看出自己的表情和感覺，以及哪些地方你在抗拒。

(二) 說正面的事情

這時可以進一步說出今天發生過的事情，以及自己現在的心情。但請

記住，要說正面的事情。

例如，當志明說：

「今天我的心情眞好！吃頓可口美味的義大利麵午餐，廚師用的調味料眞棒！回家後補眠一個小時，消除這幾天的工作疲勞，使我精神百倍，實在是太棒了！更巧的是，大學同學打電話約我出來走走，聊天聊得超開心，還一起打桌球，舒活筋骨，眞是很爽，眞是美好的下午。」

這時志明說出的正向語句的次數，明顯多於負向語句。明顯偏向正面情緒。讓我們練習更多現在的正面語句吧！

(三) 發現心底抗拒

在說正面語句時，若發現哪些地方有心中抗拒，那就先暫停一下，詢問內心的原因，這時或許會從心底再浮現一些舊有信念。這個時候可以判讀這些舊信念來自何處，然後嘗試和這些舊信念對話。這時乃要留意不要重覆說負面語句，試著改說正面語句吧！例如，當志明說：

「今天下午我想請半天假，下午要好好休息一下！」

「怎麼可以休息放鬆，你還有好多的事情沒做！」志明的內心開始反抗。

「可是我真的好累好累，必須要休息放鬆一下。」志明開始和內心對話。

「可是休息就是偷懶，不夠努力，」志明的內心繼續抗拒著，也浮現出一些心底的信念。

「若不休息，我的身體真的會倒下去。」志明繼續說服內心。

「好吧，或許你是對的，那就請假吧。」志明的內心不再抗拒了。

切記，此時此刻請別責怪自己，反而要接納自己、肯定自己。鐘愛自己，善待自己。因為你自己是上帝的寶貝，上帝非常愛你，所以要愛自己。

(四) 計算羅沙達比例

羅沙達（Marcel Losada）比例，是在某個特定期間（如一天）當中，某人對話中正向語句和負向語句的分配比例【9-5】。**羅沙達比例（Losada ratio）大於一，意指某人說出正向語句的數量，大於說出負向語句的數量，代表光明面勝過黑暗面。**而若羅沙達比例小於一，則表示此人說出負向語句的頻率，明顯大於正向語句，代表黑暗面勝過光明面。至於特定期間的選定，泰半以基本的休息與恢復活動週期（basic rest & refresh activity cycle, BRAC）為主要，也就是選擇下班後到隔天上班前的這個時段，這是一個人的居家生活品質的代表時段，也是最能夠改變的空間。這個時段是最容易開始執行的時段。

羅沙達比例大於一，意指某人說出正向語句的數量，大於說出負向語句的數量，代表光明面勝過黑暗面。

此時即是運用主動與建構回應，改善你的關鍵正向性比率（critical positivity ratio, CPR）。此時佛德利克生和羅沙達，更綜合多項不同生活場域和各式各樣的研究樣本，涵蓋企業管理、精神醫療、婚姻親子等不同領域；以及精神官能症、憂鬱症患者、躁鬱症患者、大學生。透過多樣化的測驗方式呈現，包括正向性測量、負向性測量、正向性／負向性測量等。研究結果俱皆支持，關鍵正向性比率若能大於2.9，即具備有禁得起惡劣環境考驗的能耐。

高特曼（John Gottman）更進一步指出，在一個正常基礎的婚姻中，

每一句對配偶負面批評的話語，需要五句正向的話方能夠維持平衡。亦即羅沙達比例需要達到5.0的水平。若是此一比例值爲2.9比1，則不免會朝向離異的方向發展。至於羅沙達比例如果僅有1.0，那對於這對夫妻而言實在是個災難。

　　例如，開始一天的工作，在坐公車上班的路上，志明會對自己試著說：

　　「今天眞是美好的一天，相信一切都會很順利的。」或是

　　「上帝愛志明，上帝好愛志明。」用一些正面期待的肯定語句迎接一天的工作。透過在車上的「練習快樂」，志明開心迎接每一天的工作。

　　而在忙完一天的工作，坐在回家的公車上，志明會對自己說：

　　「寶貝，你今天教書教得眞棒，教得好極了。」用一些正面肯定的語句給自己打氣。有些時候，一整天平安無事，志明也會對自己說：

　　「志明是個很棒的人，志明喜歡做自己。」甚至是

　　「感謝上帝，志明充滿喜樂平安。」這些都是志明愛用的正面肯定語句。

　　在這一段坐車的時間，志明已經大大的「練習快樂」，這時的志明，便因此重新得力，帶著滿滿的祝福回到家中【9-6】。

二、主動對話的四個要素

　　主動對話繼續維持需注意主動對話的四個要素是否仍然存在，楊格洛維奇（Yankelovich）指出，即平等位階、同理傾聽、透明假設、共有利益【9-7】，這是維繫對話能夠持續的根本力量，如圖9-3所示，茲說明如下：

(一) 平等位階

　　主動對話架構成立的第一個要素是平等位階。此時參與者必須放下既有的社會階級、官階地位，以平等的位階彼此相待。也就是在主動對話的架構下，必須排除階級與權力等強制性的影響因子，不以權勢地位壓迫對方。如此一來，主動的對話方可繼續維持下去，否則即會對話中斷，形成一方的獨白狀態。唯有具權威的一方願意放下權威，以真正平等的姿態尋求主動對話，方可能使雙方互相信任，誠實主動的對話方可持續維持。

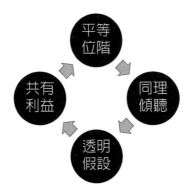

圖9-3　主動對話的四個要素

(二) 同理傾聽

　　主動對話架構成立的第二個要素是同理傾聽。此時參與者能夠以同理心來傾聽，毫無保留的回應對方的想法。在此時此刻，參與者不先急於捍衛自己的論點，反而是試圖瞭解對方的想法，以及會如此想的背後原因。便可體會彼此為什麼此種的想法，以及內心的感受。在同理傾聽下，即藉由心中有情、感受移情與溝通共情的方式，為對方設想，且切身感受對方的感覺，如此便能進入對方的內心世界，開啟真誠對話的潘朵拉盒子。

(三) 透明假設

　　主動對話架構成立的第三個要素是透明假設。此時必須讓雙方的內在

假設透明呈現，浮出檯面，使參與者能夠思想對方的內在假設，即令無法苟同此一內在假設，也要給予基本的尊重。亦即主動的對話是使內在假設浮出檯面，而不加以評斷。此時切不可駁斥對方的內在假設，否則便會形成人身攻擊，進而使雙方的對話中斷。因為內在假設是攸關我是誰？我為什麼現在會在這裡？我為什麼會這樣做？等問題的答案，是某個人生命存活的基本假設，一旦被駁斥即等同否定這個人，自然會有遭到人身攻擊般的羞辱感受，故應極力避免。

(四) 共有利益

　　主動對話架構成立的第四個要素是共有利益。此時參與者必須聚焦在共有利益上，努力達到雙贏，而非關注各自分歧的觀點。亦即需找出參與者共同擁有的益處，把餅做大，使利益均霑；而非關切各人的弱點或限制，試圖要對方改正。也就是要放下企圖想要操縱對方、改變對方的想法。

9.3 管理建構回應能力

一花一世界，一草一天堂，只有停下匆忙腳步，細細品嘗迷人美妙的世界，你必然發現，每一朵小花，都有它獨特的風采，這是培養你主動與建構回應能力的基礎。

【問得好】你要怎樣培養你的主動與建構回應能力呢？

　　一旦收訊者開始運用主動與建構回應的技巧後，發訊者會更加喜歡收訊者，他們會願意花較多的時間跟你在一塊，會更多告訴你較多的生活細節和個人隱私。從而收訊者對自己的評價會迅速上升，繼而繼續深化自己的主動建構式回應技巧。

　　主動與建構回應會擴增正向的情緒，這不僅會令人感覺愉悅，它更是霓虹燈廣告招牌，可以繼續添增更多，持續累積收訊者的心理資本，累積關係資本。

　　話語既然說出口，能夠與人為善，也能夠與人為惡。每個人一天中會講數百句話，一周中講數千句話，一個月講一萬句話，一年講十幾萬句話。人生多少美醜都是由話語說成的，它能轉換人心，改變社會。創世紀一開始說，上帝用「話語」創造世界，我們在自己的小小世界，也是用「話語」造成的，你說的是什麼樣的話，就會收什麼樣的果實【9-8】。

　　要培養主動與建構回應能力，需要使內心充滿正向的思維，要做到主動且熱切地正向回應對方，需要在以下三方面持續練習。茲說明如下：

要培養主動與建構回應能力，需要使內心充滿正向的思維，要做到主動且熱切地正向回應對方。

一、培養感恩的心

　　感恩的心是關愛他人的核心，表現在外的行動即是感謝他人。當發訊者向你提問或表示意見時，隨時用一顆感恩的心承接，如此便容易培養主動與建構回應的能力【9-9】。說明如下：

(一) **對周遭服務我們的人**

　　我們從早起床到夜晚就寢，生活所觸及事物，如捷運車船、餐飲供應、超商物品、服飾百貨，都是經由他人服務來做成，也是多人的力量結晶。我們若能隨時隨處想到，有許多人服務我們，使生活更形便利。這時心中自然會生出感謝，「感恩的心，感謝有你。」也因此具有感恩的心。

　　永遠記得對人說「謝謝」，因為若沒有說聲「謝謝」時，就等於想要拿走別人的功勞。所以，說聲「謝謝」的能力，就是具有主動回應能力的

記號。例如,面對早餐店的服務人員,可以這樣說:

> 「謝謝你的燦爛笑容,使我一天的開始,感到快樂、開心。」
> 「謝謝你的服務,使我有豐富的早餐,開始一天的工作。」

永遠記得對人說「謝謝」。

(二) 對周遭發生互動的人

　　無論是工作同事或萍水相逢的路人,皆有發生互動的可能。或有人起意詢問我們某些事物,或我們必須詢問對方某件事情。即令是在逛街購物或搭乘公車、捷運、高鐵時,對週遭發訊人回應一句「感謝您」,都能傳遞關懷給對方,給出一份仁愛和溫暖。藉此一感謝行動,自己也增添些許幸福感。這時,能夠隨時向對方說聲「謝謝」的能力,就是具有主動回應能力的記號。

　　特別是各種感動的時刻。開心時刻,感恩身邊有人可以分享喜悅;難過時分,感恩身邊有人可以傾聽訴苦;生氣時刻,感恩身邊有人可以同感憤慨;憂愁時分,感恩身邊有人可以傾訴陪伴。有顆感恩的心,便是最幸福的人,感謝有人陪在身邊,這個世界不再孤單,而有珍貴友誼,這是最美的祝福。例如,面對你的同學、同事或朋友,可以這樣說:

> 「謝謝你的陪伴,使我在快樂時有個人可以分享喜悅,在痛苦時有個人可以分擔悲傷。」
> 「謝謝你的照顧和栽培,使我可以進步、成長,我也才會有今天的成就。」

　　泰戈爾說：「蜜蜂從花中啜蜜，離開時屢屢道謝。浮誇的蝴蝶卻相信花兒是應該向他道謝的。」一語道破擁有感恩的心的美麗。

二、培養讚美的心

　　在我們日常生活中，讚美更是隨手可及、隨處可見的事情，也是培養主動與建構回應能力的最好習慣【9-10】。當發訊者向你提問或表示意見時，若能用一顆讚美的心承接，如此便已經培養主動與建構回應的能力。說明如下：

(一) 對周遭服務我們的人

　　我們需要學習讚美，不要將周遭的服務行為都看做平常。開始對服務我們的人，試著表達欣賞，甚至是讚賞。至於讚美的行為可包括以下各個層面，讚美他人的人格特質、讚美他人為你做過的事情、讚美他人的優良成果等。

　　例如，感謝供應早餐的美而美店家，可以這樣說：

　　「你做的三明治早餐好棒，真好吃。」就是表現對店家的肯定，這時讚美要具體、要特定。又如，看到公園處工作人員在種花，可以讚美說：
　　「您好，你種的花好好看啊！」另外對親愛家人更要這樣說：
　　「你把客廳掃得真乾淨，感覺好舒服喔！」

(二) 對周遭發生互動的人

　　面對周遭和我們互動的人，更需要經常讚美對方。如同要使車輪運轉順暢，潤滑油是絕不可少的。經常用讚美話語回應對方，是搏得對方好感的最好方法。卡內基說：「人際溝通需要隨時肯定和讚美他人，甚至在最親密的夫妻關係、最單純的家人關係中，讚美和稱讚也是不可少的。」記得，別人喜歡別人讚美的事情，便是他們覺得沒有把握的事情。特別是當

我們聽別人讚賞我們某些事情後，再聽到他的批評，在心中也好受得多。【9-11】」而我們若需要被他人讚賞、尊重、關愛，那麼就需要先讚賞、尊重、關愛他人，我們必然發現所給出的那一份，日後會回到自己的身上。耶穌也說：「你要別人怎樣對待你，你就要怎樣對待別人。」

例如，看見某同事穿著很特別，立刻開口讚美，這樣說：

「你穿這件衣服真好看，在哪兒買的？」

又如，看到隔壁老伯在種花，就這樣讚美說：

「阿伯您好，你種的花好好看，顏色好多種啊！」

三、培養品味的心

品味的心指以一顆喜樂滿懷的心，經由人文素養而享有生活品質，而不僅擁有物質財富。這是培養主動與建構回應能力的穩妥習慣【9-12】。當發訊者向你提問或表示意見時，若能用一顆品味的心承接，如此便已經培養主動與建構回應的能力。說明如下：

(一) 對周遭服務我們的人

面對服務我們的人，要建立一種「賞識」周遭服務的心境和意志，欣賞生活中的微小細節，規律服務活動中的微小動作，以及保持對文化象徵符號的敏感度。認真看待服務者所散發出的各級文化象徵。例如，日本的和服和茶道，美國的自由與簡約，英國紳士般玫瑰花下午茶，歐洲文藝復興的教會文化等。藉由服務者，我們得以欣賞四周的美好人事物，欣賞各行業的工作人士，欣賞各派文藝創作和藝術風格，乃至欣賞晨間朝露和落日餘暉，欣賞販夫走卒與百業人生，當我們能用另類眼光觀照世界，自然

容易培養品味生活的能力。

　　例如，面對服務生打翻你的咖啡杯盤並向你道歉時，你可回答說：

「還好，這比飛機空難好多了！」或是

「沒關係，這件衣服正好要送洗了。」一段小小幽默，可化解雙方的
尷尬。

(二) 對周遭發生互動的人

　　品味生活是放慢原本匆忙腳步，觀照烏雲消沒、賞識冬陽露臉，仰視
路樹搖曳英姿，親近枝枒中的小紅花。品味生活能提高我們的人品，特別
在忙碌生活步調中，工作壓力沉重時，面對周遭發生互動的人，更需要以
一顆品味的心，來舒緩緊繃的事物，化解身心壓力，從而能夠轉念，改以
主動和建構對話回應對方【9-13】。

　　例如，面對隔壁同事要你欣賞她小女兒的水彩畫，除讚美外，你可以
這樣說：

「這幅畫作真是畫的出神入化啊！」

　　再從容端起一杯清茶，讓同事看看茶葉在茶水中所帶出的漣漪，然後
緩緩的說出：

「這幅水彩畫的筆觸，正像茶葉在茶水中跳舞的舞姿。」
「這真是出神入化，舉世無雙呀！」

　　如此一來，你必然會使發現，在生活中處處洋溢著喜悅和驚喜。正如

「喜樂的心乃是良藥；憂傷的靈使骨枯乾【9-14】。」

盧梭說：「生活的最有意義的人，並不是年紀活得最久的人，而是對生活最有感受的人。」

總之，品味生活的能力並非只是參加藝文活動，基於各人皆有不同的生活品味。例如，品茗賞鳥、觀雲望月、喝點小酒、踏青登山、海濱垂釣、飲酒高歌、修整花草等，皆能令人看盡人生百態，跳脫人間俗事，陶冶個人生命，藉以培養生活深度。這都是「因為我因信，所以我如此說話【9-15】。」

在這個時候，完成【行動作業】是個不錯的嘗試，可具體瞭解你如何培養主動與建構回應的能力，以及健康的看待周遭他人的作為。

【智慧語錄】

人生最終的價值在於覺醒和思考的能力，而不只在於生存。吾愛吾師，吾更愛真理。

——亞里士多德（Aristotélēs），古希臘哲學家，《物理學》、《形而上學》、《生物學》、《動物學》、《經濟學》、《政治學》作者

人有物質才能生存，人有理想才談得上生活。你要瞭解生存與生活的不同嗎？動物生存，而人則生活。

——雨果（Victor Hugo），詩人，《鐘樓怪人》與《孤雛淚》作者

【本章註釋】

9-1 擴張建構理論（broaden-and-build theory）意指正向情緒如快樂、愉悅等情緒，能強化個人向外探索事物的動機，其中快樂能夠提升創造力，個人自豪則可使個人樂於分享過去成就，並且積極邁向未來。擴張建構理論係由佛德利克（Fredrickson）於2001年所提出，敬請參閱Fredrickson, B.L. (2001), The role of positive emotions in positive psychology: The broaden-and-build theory of positive emotions, American Psychologist, 56, 218-226.

9-2 「說話浮躁的，如刀刺人；智慧人的舌頭卻為醫人的良藥。」出自所羅門王箴言第12章第18節。

9-3 有關回應心態方格的內涵，係由賽利格曼（Seligman）所提出，敬請參閱洪蘭譯（民102），《真實的快樂》（馬汀・賽利格曼著），台北市：遠流出版。

9-4 敬請參閱敬請參閱洪蘭譯（民102），《練習樂觀，樂觀學習》（馬汀・賽利格曼著），台北市：遠流出版。以及陳淑婷譯（民103），《對話力：化衝突為合作的神奇力量》（二版）（丹尼爾・楊格洛維奇著），臺北市：朝邦文教基金會出版。

9-5 「有一條很清楚的界線，」「大於2.9比1的正向負向語句比例的企業會正向成長，至於在2.9比例以下的企業經營多半不佳。」我們以發現此一事實的巴西同事羅沙達（Marcel Losada）來命名，稱為羅沙達比例。

9-6 敬請參閱陳澤義（民104），《幸福學：學幸福》，台北市：五南出版。

9-7 敬請參閱陳淑婷譯（民103），《對話力：化衝突為合作的神奇力量》（二版）（丹尼爾・楊格洛維奇著），臺北市：朝邦文教基金會

出版。

9-8 感恩是一種最好的習慣，敬請參閱劉玉潔譯（民84），《祝福——和諧人生的秘訣》，史摩利‧特倫德著，台北市：校園書房出版。以及參閱Urban, H. (1995), 20 Things I Want My Kids to Know, Woodside, CA: The Free Press, 曹明星譯（民99），《黃金階梯：人生最重要的二十件事》（三版）（伍爾本著），臺北市：宇宙光出版。

9-9 人際溝通需要隨時去讚美、肯定與尊重他人，敬請參閱蕭美惠、林家誼譯（民101），《改變一生的人際溝通法則》（卡內基訓練機構），台北市：商周出版。

9-10 隨時展開笑容、記住別人的名字、仔細傾聽對方的想法、永遠關心別人的利益等，都是讚美和能夠激賞對方的方法。敬請參閱蕭美惠、林家誼譯（民101），《改變一生的人際溝通法則》（卡內基訓練機構），台北市：商周出版。

9-11 敬請參閱柳珍姬譯（民95），《第四度空間的靈性》，趙鏞基著，台北市：以斯拉出版。

9-12 敬請參閱Buscaglia, Leo (1983), Living, Loving and Learning. 簡宛譯（民75），《愛、生活與學習》（巴士卡力著），洪建全文化基金會出版。

9-13 敬請參閱張篤群、江麗美譯（民87），《耶穌談生活——熱情與喜樂的處世哲學》，羅莉‧瓊斯著，台北市：智庫文化出版。

9-14 「喜樂的心乃是良藥；憂傷的靈使骨枯乾。」出自所羅門王箴言第17章第22節。

9-15 「我因信，所以我如此說話。」出自大衛詩篇第116篇第10節。

【行動作業】

現在請你練習主動和建構式回應的相關習作：

(1)你過去通常的回應方式是什麼？

(2)為什麼你很難做出主動與建構式回應？

　（提示：工作太累、家中氣氛不佳、過分專注自己的事情。）

(3)怎樣利用自己的強項來保持主動與建構式回應的方式？

　（提示：好奇心者問問題；熱情者熱烈回應；智慧者指出所學到的經
　驗。）

第十章　短講管理

【曉月漫步】

面對錯綜複雜的人、事、物，

如何抽絲剝繭，整理出頭緒，不會被事情表象煙霧所迷惑，

一個有效方法就是合乎邏輯的理性思考。

這是掀開問題或事物現象的「形式」（form），

直接深入事物的「實質」（content）核心。

追根究底，直中問題的本質，

也就是透過邏輯推理，演繹事件可能的發展路徑，以及可能的因果關聯。

此外，挑戰現行理論的知識架構，提出新理論或學說，展開全新的知識面貌。

在生活中，我們若能夠活用理性思辨，檢視所接觸的各種理論知識，

必能培養有力的思考能力，並透過精彩的短講傳遞給別人，

必定能儲備工作與家庭事務所需的思考能量，進而開創錦繡人生。

10.1 完整論點的短講

要在短時間說完整個論點，要清楚掌握「為何」、「如何」、「是何」三方面，並妥善界定述說的前後次序。

【問得好】你要怎樣在時間限制下，具體表達你的意見？

在「聽」、「問」、「說」、「對話」等溝通階段後，本章即說話「短講」管理的要點，藉此總結第一篇的溝通管理實務篇。

在時間就是金錢的當前社會，無論是經營企業或為人處事，甚至辦理各項業務，在短時間說完整個論點絕對是邁向成功的重要關鍵。因為簡單扼要地述說個人意見，可節省雙方時間。完整的意見論點包括「為何」的理由，以及「如何」的操作程序、以及「是何」的焦點認知三者。前者是**知道為什麼**（know-why）的「知其所以然」層次，後兩者則是**知道如何做**（know-how），和**知道是什麼**（know-what）的「知其然」層次。如此的述說可堪稱完整全備，能培養一生受用的待人接物能力，甚至具備深厚的「常識」、「知識」、「常識」、「見識」和「膽識」的五識能耐。

例如，在企業經營時，前述論點包括「為何經營」、「如何經營」和「什麼是企業經營」三大部分。首先，企業的創設宗旨和願景使命，是點出該企業「為何經營」，說明企業對內和對外應該怎樣面對消費者、員工、股東、社會大眾、外在環境，善盡企業的社會責任。第二，「五管」的管理工具如，生產管理、行銷管理、人力資源管理、研發管理、財務管理、策略管理等，則說明「如何經營」，即如何藉由合適方法，完成企業的願景使命。第三，「什麼是企業經營」則涵括什麼是企業、什麼是經營兩個子問題。

又如，在為人處事上，前述論點亦包括「為何生活」、「如何生活」和「什麼是生活」三大部分。在其間，「為何生活」提示個人的人生價值和人生意義。「如何生活」則說明各種的生涯規劃、職涯輔導、目標設定、時間管理，以及人際關係、婚姻與家庭、個人理財、服務學習等方法。至於「什麼是生活」則說明生活的定義、為人的意義、處事的意義等。

一、黃金圈的述說邏輯

　　欲進一步解說探究「爲何」、「如何」、「是何」三者，首先可以看出「是何」位於事物的最外圈，有如蘋果表面的果皮；「如何」位於事物的中間圈，有如蘋果裡面的果肉；「爲何」位於事物的最內圈，有如蘋果最中間的果核。這三者構成黃金圈（**golden circle**）【10-1】述說邏輯，即完整的蘋果，如圖10-1所示。茲說明於後：

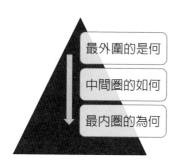

最外圍的是何

中間圈的如何

最內圈的為何

圖10-1　黃金圈的述說邏輯

(一) 最外圍的「是何」

　　最外圈的「是何」（what），是定義「我是誰」？或「我們公司是誰」？即如在企業中說明本企業是做什麼的（what is our business），這是需要說明的第一個問題。例如，本企業是什麼行業的，本企業提供何種產品等；或在個人介紹中，我叫什麼名字，我在哪家公司上班，我在哪個部門工作，負責哪種業務；或年齡幾歲，家住哪裡，在家中排行等，「是何」是外顯性問題，比較容易述說。

　　同理，大學生面對某個學系，也需要先問，這個學系成立的宗旨是什麼，成立多久，系主修是哪個領域，有哪些課是主修科目，畢業門檻爲何，有幾個班，每班收幾個學生等。更有甚者，面對某門課程，要問這門課的主要授課內容爲何，必修還是選修，幾個學分，上課時間爲何時，誰

是授課教師，使用哪種教科書等。

(二) 中間圈的「如何」

中間圈的「如何」（how），是說明要怎樣做以達成某項目標？或本企業要怎樣辦業務，以獲取利潤？這是經常要說明的管理層面問題。例如，本企業怎樣透過**獨特賣點**（**unique selling point, USP**）、**利基**（**niche**）、行銷的**價值主張**（**value statement**）銷售產品？本企業怎樣透過專業製造流程生產產品？本企業怎樣透過品牌承諾取信顧客？本企業怎樣透過關鍵成功因素獲取利潤？藉由如何來說明本企業、部門或個人，如何操作作業，進而出類拔萃。此即競爭優勢或差異化的生成之道。

同樣的，大學生面對某個學系，也需要問，怎樣有系統的學習該學系的課程，才能有效學習。而面對某個學門，亦需要問，怎樣學習這門課程，才能熟練精通，獲得所需知識。

(三) 最內圈的「為何」

最內圈的「為何」（why），是說明「所為何來」，為什麼要這樣做以完成目標。例如，本企業為什麼會存活？本企業為何要生產這種產品？我為什麼會待在這裡？我為什麼會做這件事情？我為什麼會提出這樣的主張等？這種「為何」的問題的答案一般並不清楚，也不易回答，因為問題的答案係屬較少碰觸的層次，通常牽涉到個人使命、目的、信念或夢想，且和個人的自尊高度關聯。

同樣的，大學生面對某個學系，也需要問，為什麼要讀這個學系。而面對某個課程，也需要問，為什麼要修這門課。

總之，要熟練怎樣由內而外的說話，重點在說明貫穿核心價值的「為何」，產生巨大能量，生發獨特價值，吸引對方注意。然後再說明外表部位的「如何」和「是何」，完成整段的解說。

例如，在為何學習中，重點在說明「為什麼」，說明讀大學的原因，

激勵自己，產生學習動力。也不會漫無目標虛度光陰，在高中緊壓後只求解放，進而在由你玩四年的聲浪中迷失。這時，更要清楚表述「為什麼要讀書」，影響他人，協助他人發揮潛能，領導群倫。同時也需要說明「是什麼」，以及「怎樣做」，學習如何管理自己的時間，進行效率學習。

二、三種類型的論述

　　基本上，在說明論點時需包括三種類型的論述，即為什麼型、是什麼型、怎樣進行型【10-2】，一套完整的論述需包括為什麼型、是什麼型、怎樣進行型三部分，只是各部份的比重不同。茲說明如下：

　　一套完整的論述需要包括為什麼型、是什麼型、怎樣進行型三部分。

(一) 為什麼型

　　為什麼型即以解說「為什麼」為主體，兼及「是什麼」、「怎樣進行」二部分。即說明為什麼會這樣。以生涯規劃為例，即「為什麼要做人生規劃」，人生規劃能使我們有方向，能夠善用時間，能夠獲得智慧等。詳言之包括：

　　1. 開場：說明「是什麼」，藉由「定義」、「構面組成」或「意義內涵」的解說，帶進本論的動機或目的，開場比重約占六分之一。

　　2. 本論：說明「為什麼」，完整說明「為什麼」的原因，藉以表達此事物、方案或議題的「實施目的」、「重要性」、「功能或優勢」、「獨特價值」、「採用理由」、「時代意義」、「需求聯結」、「趨勢方向」、「理論意義」等，本論比重應占三分之二強。

　　3. 結語：扼要說明「如何操作」、「怎樣進行」的方法或步驟，乃至於「實施時程」，激勵他人來完成此事，結語比重亦約占六分之一。

(二) 是什麼型

是什麼型即以解說「是什麼」為主體，兼及「為什麼」、「怎樣進行」二部分。即說明這是什麼內容。以人生規劃為例，即「什麼是人生規劃」，人生規劃是預先規畫我們的人生內容，人生規劃是職涯規畫、成家規畫和理財規畫的綜合體等。詳言之包括：

1. 開場：說明「為什麼」，扼要說明「為什麼」的理由，以表達此事物、方案或議題的「重要性」、「實施目的」、「獨特價值」或「時代意義」等，帶進本論的意義本質，開場比重約占六分之一。

2. 本論：詳細說明「是什麼」，藉由「定義」、「本質描述」、「意義闡述」、「比喻類比」、「寓言故事」、「類型」、「細分類」、「內涵構面」等來解說，本論比重應占三分之二強。

3. 結語：扼要說明「如何達成」、「怎樣實現」的方法或步驟，乃至於「進行與操作步驟」「實施時程」，來激勵他人來完成此事，結語比重亦約占六分之一。

(三) 怎樣進行型

怎樣進行型即以解說「怎樣進行」為主體，兼及「為什麼」、「是什麼」兩部分。即說明應該如何做。以人生規劃為例，即「要怎樣進行人生規劃」，人生規劃需要先行探索自己個性和興趣，人生規劃要區分成數個時程階段，人生規劃內容要具體可行等。詳言之包括：

1. 開場：說明「是什麼」和「為什麼」，藉由「定義」、「意義」的解說，和說明「為什麼」的原因，來表達此事物、方案或議題的「實施目的」、「重要性」等以帶進本論的內容，開場比重約占六分之一。

2. 本論：詳細說明「如何操作」、「怎樣進行」、「實施時程」的方法或步驟，提出具體執行方法，條列各種說明例證，以至於實施原則和例外條件等，以指引他人確實完成該事務。詳言之，應包括何時、何地、

何人、如何做、階段、步驟、操作方式和細則、注意事項、意外事件處理等環節，本論比重應占三分之二強。

3. 結語：說明執行後的可能結果，以及可能的影響，用來鼓勵他人實現此一論點，結語比重亦約占六分之一。

10.2　有條理短講

一個清楚立場，一項主要論點，再加上三個命題，和支持此命題的推論思，便足以構成理性思辨論述的基本元素。

【問得好】你應當怎樣清楚說明你的意見？

有條理說話即將理性思辨與批判性思考付諸言詞，而理性思辨的基本元素包括以下六項【10-3】，如圖10-2所示，茲說明如下：

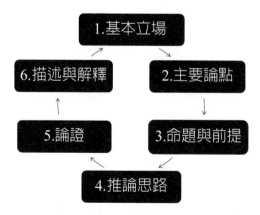

圖10-2　理性思辨的基本元素

一、基本立場

　　首先，論述者在提出意見論述和主要論點時，需要先聲明個人所抱持的基本立場。基本立場（**position**）意指論述者的心中，所站立的某個角度或立足點，並藉此引申主要論點來說服對方來接受它。亦即論證者對該事件係站在何種角度來發言【10-4】。

　　例如，在臺海兩岸簽署服務貿易協議的爭議中，甲方的基本立場是自由經濟，乙方的基本立場是國際現勢，丙方的基本立場是民主人權，丁方的基本立場則是國家安全，各人所考量的觀點並不相同。

　　又如，在台北市政府與遠雄大巨蛋的爭議事件中，某甲的基本立場是公共安全，某乙的基本立場是法律合約，某丙的基本立場是商業發展，某丁的基本立場則是政府施政，各人所考量的觀點也不相同。

二、主要論點

　　再者，論述者在聲明個人所抱持的基本立場的同時，即需提出個人在此議題的主要論點。主要論點（**overall argument**）是表現論證者自己的觀點或「立場」，代表論述者所提出的理由和支持論點的總合。

　　例如，在兩岸簽署服務貿易協議中，站在自由經濟立場的甲方，其主要論點是符合經濟利益，有益國計民生。至於站在國家安全立場的丙方，其主要論點則是與大陸密集交往，過於冒險躁進致國安堪慮。

三、命題與前提

(一) 命題

　　三者，論述者在說明主要論點後，下一步即對此提出一至三個命題來論證。命題（**propositions**）是用來支持個人主要論點的敘述。命題與假說意義相近，假說則是將命題轉述成可資接受或拒絕的統計檢定語句。而命題意指基本假定為真，論述者再提出若干理由或支持論點，導引對方思想考量的敘述內容。

例如，在臺海兩岸簽署服務貿易協議的爭議中，甲方的主要論點是符合經濟利益，其背後的命題包括：

1. 兩岸貿易自由化有助於經濟發展；
2. 區域聯盟是國際現勢難以避免；
3. 若不簽署恐遭國際孤立與邊緣化；
4. 可增進台灣的全球競爭力；
5. 依照國際法例已簽署的雙邊協議若欲修改等於重啟談判；
6. 在雙邊談判下各方利益勢必有所取捨；
7. 有利於國際企業的全球經營；
8. 服務貿易協議是ECFA的後續協議等。

至於丙方的主要論點是國安堪慮，其背後的命題包括：

1. 兩岸貿易自由化會危及國家安全；
2. 罔顧程序正義即無實質正義可言；
3. 兩岸交流必剝奪台灣人民的工作機會；
4. 兩岸協議無法照顧產業弱勢；
5. 兩岸協議將導致陸資大舉犯台；
6. 兩岸協議結果是以經逼統；
7. 兩岸協議自由貿易獨厚大企業而不利中小企業；
8. 接受國會監督是必然也是必須等。

(二) 前提

前提（**premises**）意指某個被相信為真，同時可當做論證基礎根據的某項命題。基本上，最核心的一項前提自然會構成論述者的基礎命題，因此，核心前提又稱為「論證基礎」。

此時，**論證基礎**（**predicate**）即構成論述者在論證時的基本假設，它是論述者提出命題、推論思路、論證，以及信號語句的根本，也是論述者

最核心的觀點。

　　例如，在臺海兩岸簽署服務貿易協議的爭議中，甲方所持的前提是經濟成長自然能夠保證國家安全；丁方的前提則是經濟依賴中國必然導致政治統一，雙方的前提實是南轅北轍。

四、推論思路

　　四者，論述者需要針對每一項命題，提出說服的推論思路。**推論思路**（**a line of reasoning**）意指論述者藉由有系統的、整理妥當的若干理由，鋪陳一條推理路徑，引導對方經由論述者所提出的理由，一步一步的走入論述者所要的「命題」。基本上，推論思路需要符合邏輯先後次序，據以呈現某組理由。並需設置可資驗證的客觀推論思路，以及提出可資驗證的客觀統計數據。各個推論思路間條理分明，前後環環相扣，逐步指向某項命題為真。而當所有命題皆證為真，便可推論主要論述為真。

　　　論述者需要針對每一項命題，提出說服的推論思路。

　　詳細的推論思路包括以下五種方法，即：(1)搭橋法、(2)分解法、(3)替代法、(4)實例歸納法、(5)其他演繹方法，茲說明如下（圖10-3）：

(一) 搭橋法

　　搭橋法（bridging method）即在變數X和變數Y之間，搭建推論橋墩，並且至少設置兩個橋墩（A和B），當做支撐點，便可推論出X變數可導致Y變數的命題結果。

　　例如，在兩岸貿易自由化有助於經濟發展的命題中，自由貿易（X）可享受到全球產業分工的利益（A），在比較利益法則運作下，台灣得以在全球產業價值鏈中扮演特定的角色（B），享受經濟成長的果實（Y）。又在區域聯盟是國際現勢難以避免的命題中，開放市場的自由貿

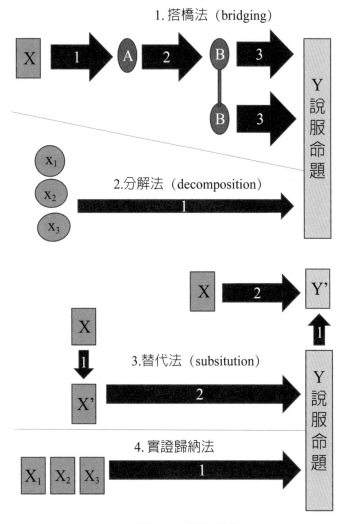

圖10-3 推論思路

易（X）是推動自由貿易區的一環，此舉有利融入全球區域經濟整合架構
（A），在現行自由貿易組織體制，全球火熱的多邊談判經貿體系中，不
致遭到邊緣化或被國際社會所孤立（B），從而得享全球經貿區域聯盟的
利益（Y）。

(二) 分解法

分解法（decomposition method）即在變數X和變數Y之間，將X分解成數個小部分，如X_1、X_2、X_3，並分別推演出X_1至Y、X_2至Y、X_3至Y的三條因果路徑，做為細部分解路徑，如此便可推論出變數X可導致變數Y的命題結果。

例如，在兩岸貿易自由化有助於經濟發展的命題中，自由貿易可使國際企業產生三種優勢利益。第一，國際企業經由大規模的資本和勞動投入，產生資金運作上的「所有權優勢」利益（X_1）。第二，國際企業經由將生產活動移轉到低勞動成本地區，將銷售活動移轉到高市場需求地區，藉以生成地理上的「區位優勢」利益（X_2）。第三，國際企業透過推動水平整合和垂直整合，藉以擴大其價值鏈，並執行企業購併和直接投資的多角化經營活動，達到分散風險的目的，藉以滋生管理上的「內部化優勢」利益（X_3）。準此，國際企業便可透過由貿易而獲利，獲得明顯的經濟發展利益。

(三) 替代法

替代法（substitution method）即在變數X和變數Y之間，另行找尋變數X'，做為變數X的替代點，意指在X類同於X'之下，經由X'到達Y後，即可推論出變數X可導致變數Y的結果。此外，亦可另行找尋變數Y'，做為變數Y的替代點，意指經由X到達Y'後，在Y'類同於Y之下，亦可推論出變數X可導致變數Y的結果。

例如，在兩岸貿易自由化可增進台灣的全球競爭力的命題中，兩岸貿易自由化（X）可促使台灣的產業結構轉型（X'），因應全球技術創新的腳步，進而提升企業競爭能力，強化台灣的全球競爭力（Y）。另外，要提升台灣的全球競爭力（Y），將有賴於全面改善台灣的企業體質，落實研發與企業創新，而透過兩岸貿易自由化（X）可使台灣企業與全球最大

的大陸市場連通接軌（Y'），落實國際競手的實效。

(四) 實例歸納法

實例歸納法（induction method）即在變數X和變數Y之間，以若干實例來驗證，推論出變數X可導致變數Y的結果。即可由數學歸納法的方式，間接推導得出X和Y之間具備因果關係的結果。

例如，在臺海兩岸貿易自由化（X）可增進台灣的全球競爭力的命題中，韓國（n=1）、新加坡（n=2）、澳洲（n=3）和紐西蘭（n=4）等國，皆因開放其國內市場，結果導致其全球競爭力大為提升，因此台灣如開放市場，亦將導致台灣的全球競爭力提升（Y）。

(五) 其他演繹方法

此外，另可採行其他演繹方法（deduction method）來推演命題。

例如，在臺海兩岸貿易自由化會危及國家安全的命題中，因為兩岸貿易自由化會使得台灣的經濟活動，更加依賴大陸供應資源，大陸遂能夠用經濟逼迫台灣進行政治談判；再加上在廣告媒體、文字出版、電信通訊、交通運輸、金融事業的大幅開放，將導致台灣的交通命脈拱手讓人，新聞媒體被陸資滲透，資訊安全門戶洞開，金融體系被陸資占據等國家安全危機。

五、論證

論述者在說明每個命題的「推論思路」中，其間的基調即是其中的論證。**論證**（**argument**）意指論述者試圖藉由所提出的理由，使對方能夠接受，進而說服對方同意自己的觀點，即所謂的「以理服人」。因此，論述者所提出的論證，需包括三項基本元素【10-5】，即：(1)說服他人接受論證者推論的用語。(2)提出支持此一觀點的若干理由或支持論點。(3)描述特定的立場或觀點的信號語句。茲說明如下：

(一) 說服

說服（**persuasion**）是論述者提出特定論證的主要用意，即藉由提出若干證據，企圖勸說對方，接受論述者的特定論證。其中又以統計數據最具說服力。

(二) 理由

理由（**reasons**）或稱支持論點（**contributing argument**），係指論述者在陳述論證過程中，所提出的個別性原因，或其他客觀性事實。

(三) 信號語句

信號語句（**signal words/phrases**）是論述者提出若干關鍵性字句，表示論述者所要提出若干觀點、論證或主要論證，藉此引導對方逐步順著論述者的「推論思路」方向來前進。常見的信號語句包括「因此」、「所以」、「結果」、「儘管如此」、「這應該就是」、「這將是」、「這些表示」、「實際上」、「最後」等。論述者經常使用上述字句強化說服和支持論點的效果。

六、描述、解釋與其他資訊

此外，論述者在說明論證的同時，有時亦會提出描述、解釋和其他資訊，當作輔助，茲說明如下：

(一) 描述

描述（**description**）指說明事實，即某件事情的發生經過，及當時的發生狀況。描述的目的是使他人對於論證者所說明的主題，能夠加深印象，而並非想要說服他人同意論證者的某一論點。因此，描述只是單純陳述事實，有如新聞記者般的報導現場實況，並不加入個人主觀的價值判斷，也不解釋該事情如此演變的理由，或如何逐步演變成現狀的原因。在有條理說話中，描述事實是必需的，因為需要陳明事實，避免主觀判斷。

例如，在新莊區裝置測速照相機例子中，描述車禍現場實況如下：

「某報社報導系列車禍事故並刊登現場照片，車禍現場血跡斑斑，另有遭碾斷的手掌和四碎的人體內臟，可見當時撞擊力道多麼慘烈」、「受害者當中更有三歲孩童，留下痛哭失聲、癱軟在地的老祖母，慘烈場景令人鼻酸」。此段描述足使他人對車禍事實具高度認知，但描述並未對論點產生任何貢獻。

(二) 解釋

解釋（explanations）是說明某事件發生的成因（即何以會有如此變化），或事件的發生過程（即如何演變成現狀）。解釋也會是說明某一理論原則、觀察內容，或其他資料。同樣的，解釋旨在協助描述事實，而非說服對方，故仍需避免價值判斷；雖然在解釋過程中，不可避免會出現事件描述、理由、信號語句、結論等詞句。

例如，在裝置測速照相機的例子，可解釋若干原因。例如，很多駕駛在開車時都想要超速，他們是：

「公車駕駛想要超速，多跑幾趟車可以賺哩程獎金；」

「計程車司機想要超速，快點到達目的地，好多做點生意；」

「業務員跑業務也想要超速，快點拜訪客戶，好趕快談成生意；」

「特別是有些酒後駕駛的車友，在酒力助興下，不自覺的就超速了。」

(三) 其他資訊

其他資訊（other material）指相關背景資訊、摘要，及其他不相干資料，皆屬雜訊資料，非屬論證本身。

例如，在裝置測速照相機的例子，可加油添醋的增加其他資訊。它們是：

「此一危險的T字路口聲名大噪，因爲本周又發生三起車禍事件；」

「上周市長座車耽誤剪綵時間，即是由於該T字路口發生車禍。」

10.3 有故事情節短講

透過故事情節，創作出最高價值的獨一體驗，短講便能在聽眾中產生共鳴。

【問得好】你怎樣透過短講產生夢想的共鳴呢？

　　本節說明有故事情節的短講，即透過某個精彩的故事，傳遞出某一主題訊息，使聽眾能夠產生共鳴。至於具體的步驟有三，如圖10-4所示，茲說明如下：

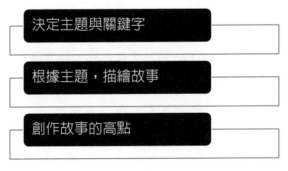

圖10-4　有故事情節的說話

一、決定主題與關鍵字

　　首先是決定短講主題與關鍵字，其涵括主題與關鍵字二者：

(一) 決定短講主題

短講的主題要明確，裨能聚焦信息傳遞的焦點，從而能夠清楚傳達具體的主題。此點可說是短講成敗的關鍵處。

(二) 決定講題的關鍵字

在短講過程中，講員需要決定可以傳達講題印象的關鍵字，即先行推演在短講之後，想要聽眾存記在心中的印象是什麼，也就是最希望聽眾帶走的東西是什麼，或者希望聽眾絕對不能忘記的是什麼，據此來擬訂此篇短講的「關鍵字」。

二、根據主題，描繪故事

再來就是根據所擬定的短講主題與關鍵字，開始創作故事、勾繪出故事的若干情節【10-6】。

(一) 創作故事的起承轉合

在創作故事時，首先需要安排故事的起承轉合。這時講員需要將起承轉合融入故事情節當中。茲說明此時的起承轉合如下：

1.「起」

起即緣起，指鋪陳故事的時代背景，以及設定事件發生的場景，是為故事的開始。在緣起階段，特別需要描寫出場人物的角色檔案，即具體設定出場人物的成長過程、生活方式、個性角色，藉以鋪陳此人的行事風格和行為動機，為故事情節的發展做好準備。

2.「承」

承即承接，指導引出故事的進展，陳述各人做事的動機，以及某特定人給出的誘因，用以深入故事的發展。在承接階段，特別需要理出頭緒，將多條發展路線加以清理，以免故事過於複雜，聽眾難以吸收理解。此時即需先行確認絕對需要保留的線路，再逐條刪除不必要的故事發展情節，期能使故事的結構簡單化，故事發展脈絡維持清晰單純。

3.「轉」

轉即轉折，指發生某些全新的事件，或新的角色登場出現，從而使故事的走向做出大幅度的轉變。

4.「合」

合即總合，指將所有的要素脈絡結合在一起，將各條線索抽絲剝繭之後，逐漸推演發展出故事的結局。在總合階段，特別需要將最後的故事場景，和最初的場景相互呼應，將整個故事融合成爲一體，以深化聽眾的印象。

當然，除故事的起承轉合之外，另有「起」、「承」、「轉」、「大轉」、「合」、「雙重合」等地變形發展，值得推敲。

在創作故事時，首先需要安排故事的起承轉合，這時講員需要將起承轉合融入故事情節當中。

此外，講員需要意識到將故事情節的起承轉合，和聽眾情緒變化的起伏高低相互搭配。期能將客觀的故事情節發展，賦予主觀的聽眾情緒生命。亦即先行試想聽眾的情緒最高點何時會發生，並將之與故事情節的轉折點鋪陳，巧妙搭配。從而可以正確預期聽眾情緒漲落起伏變化。

(二) 安排進入故事的環節

在創作故事時，特別需要安排進入故事的環節，反覆推敲進入故事的要點。期能使聽眾皆能夠融入故事中，產生莫大興趣。茲說明此時的故事導入方式如下：

1. 從小事件進入故事

從小事件進入故事是最爲常見的故事導入方式。此時係由某一樁小型事件發軔，進而逐步進入主題，建立完整的故事結構。此種方法可以提升

聽眾的興趣，吸引聽眾參與解決問題，將自己融入故事情節中，是為其效益。例如：

「這樣一件事情為什麼會發生呢？」
「這個故事後來會怎麼發展呢？」

2. 從大哉問進入故事

從大哉問進入故事是創作高潮的故事導入方式。此時係由提出某項問題來聚焦，一舉抓住聽眾的目光，使聽眾全神貫注在此一問題中。並且藉由聽眾認同此故事背後所連結的價值涵義，便可帶出更大的故事張力。例如：

「這到底是怎麼一回事？」
「真的會發生這樣一件事嗎？」

3. 從角色互換進入故事

從角色互換進入故事是創作共鳴的故事導入方式。此時係由引導聽眾將故事的主角轉換成自己，進而以情感移轉的方式，將自己融入故事情節中。此時聽眾的情緒起伏會跟隨著故事主角的起落成敗，同步的進行著。例如：

「故事中的這位教師，跟我的老師個性一模一樣呢？」
「這個場景怎麼跟我的家這麼相像？」

三、創作故事的高點

　　在創作故事的高點，此時講員需要將關鍵字和講員的價值觀連結，以創作出故事的高潮，藉以得出講員必須堅持下去的理由，即當事人的特殊人生觀，藉此以引發和聽眾的共鳴體驗。這其中涵括三個要點【10-7】：

(一) 傳達價值，勝於功能

　　在故事的高點，需要提出講員個人的價值主張，而非僅是某件事物或產品的功能。此時的價值，即需指出對聽眾的工作、家庭或生活內容，會產生哪些良性的變化，進而有助於提升聽眾幸福感，如此便使聽眾產生想要去模擬體驗的動機。至於功能本身則無法吸引聽眾專注傾聽，徒然增加資訊承載量而已。例如：

　　「這個夢想可以使你變得如此幸福。」

　　「這個夢想一旦實現，人人皆開心，每個人都會快樂、幸福，充滿希望。」

(二) 傳達最高價值的體驗

　　在故事的高點，更需要傳達最高價值的體驗，即創作一模擬體驗的情境，使聽眾得以跟隨講員的講述，透過圖像、音樂和語言，乃至於具臨場感的對話，將自己的故事和夢想傳遞給聽眾。例如：

　　「這個夢想和我的哪個人生價值觀高度相關呢？」

　　「發現這個夢想時，我心中有甚麼樣的感覺，個人的心情又如何？」

　　「這個心情和我以前的某種經驗相互連結，這是一種愛的體驗。」

(三) 傳達必須堅持的理由

在故事的高點，亦需要傳達講員必須堅持下去的理由。即將短講內容和講員的人生觀緊密結合，使聽眾產生非此人不可的印象。在此一情形下，講員的信念堅持必會油然而生，內心不安全感必將消失於無形，如此便能穿透入心，喚醒生命【10-8】。例如：

「我因為過去有這樣的經驗，所以我要堅持下去。」

「我因為這件事情體驗帶給我的感動，所以再困難我也要堅持到底。」

「這個感動已經成為我的信念，也改變我的生活方式。」

此時，學習如何短講，完成「【行動作業】」是個不錯的嘗試，可具體說明面對單一議題的說話過程。

【智慧語錄】

學而不思則罔，思而不學則殆。工欲善其事，必先利其器。

——孔子（Confucius），教育學家

只有在知道自己懂得很少的時候，才說得上有了深知。當你自己感到十分渺小的時候，才是你經歷大豐收的開始。疑惑隨著知識的增進而增長。

——歌德（Goethe），文學家，《少年維特之煩惱》、
《浮士德》作者

【本章註釋】

10-1 有關黃金圈敘述事物的論點，敬請參閱姜雪影譯（民101），《先問為什麼：啓動你的感召領導力》（賽門・西奈克著），臺北市：天下雜誌出版。

10-2 有關主題、引論與本論鋪陳的論點，敬請參閱謝綺蓉譯（民90），《80-20法則：快樂、成功和進步的秘訣》，理查・高柯著，香港：中華書局。以及施達雄（民86），《實用講道法》，臺北市：中國主日學協會出版。

10-3 有關理性思辨與批判式思考的相關論點，係由史特拉・寇提列（Stella Cottrell）所倡導，敬請參閱鄭淑芬譯（民99），《批判式思考：跳脫慣性的思考模式》（史特拉・寇提列著），臺北市：寂天文化出版。

10-4 敬請參閱林育珊譯（民97），《築人生的願景：成功的生涯規劃》，史特拉・寇提列著，台北市：寂天文化。

10-5 有關論證的內容，敬請參閱洪翠薇譯（民98），《大學生了沒：聰明的讀書技巧》（史特拉・寇提列著），臺北市：寂天文化出版。

10-6 敬請參閱謝敏怡譯（民103），《10分鐘引發共鳴的簡報術》（福島正伸著），臺北市：方智出版。

10-7 敬請參閱張智淵譯（民103），《一句入魂的傳達力》（佐佐木圭一著），臺北市：大是文化出版。

10-8 敬請參閱吳信如譯（民97），《領導就是喚醒生命》，古倫神父著，台北市：南與北文化。

【行動作業】

我要怎樣去為某一個事件，安排不一樣的結局發展？並且將之述說出來。

第十一章　溝通與人際關係

【朝露漫步】

　　現在請關燈，點亮一根蠟燭，安靜坐在椅子上，

　　望著自然晃動的燭光，請和自己相處片刻，真實的面對自己。

　　在你的生活中，你喜歡你的家人嗎？你能夠對他們感謝嗎？

　　你是你家人的祝福，還是傷痛呢？

　　這點很重要，因為你的家人是你最親密的關係圈。

　　然後，想一想在你的生命歷程當中，有哪個人是你不想面對的，

　　或是哪些事是你沒有辦法去面對的。

　　在工作或感情中，有哪件事是讓你感到特別哀傷或氣憤的？

　　那是件什麼樣的事情呢？

　　現在，你能夠用一顆感恩的心，看待這件事情嗎？

　　也就是你能夠感謝你所經驗到的所有人事物嗎？

11.1　人際關係的本質

美好人際關係的第一課，就是你要別人怎樣對待你，你就要怎樣對待別人，這是人際關係的本質。

【問得好】你怎樣和對方做到平等與互惠呢？

　　要做好溝通管理，除前述的溝通對話技巧外，亦需要探討溝通管理後，所促成的人際關係增進情形，即藉由優質溝通技巧建立美好關係人

脈。本章即說明溝通與人際關係管理的內涵。

　　生活是我們人際關係的縮影，生命是我們人際關係的展現，其他的事情都只是細節，因此我們一生中眞正重要的事就是人際關係。因爲我們對人生的看法，是對周圍人際關係的感受。人際關係專家卡內基說：「人在世界上的成就，15%來自專業能力，另外85%則是待人接物的人際關係」。專業能力是硬實力，待人接物的人際關係能力則是軟實力。硬實力和軟實力是相輔相成、並行不悖的。本章即由人際關係起始，建立關係人脈以爲人處世。

我們一生中眞正重要的事就是人際關係。

　　要經營人際關係，首先需要以正確的溝通心態，以尊重的態度對待他人，以平等互惠的原則溝通並經營人際關係，即爲本節的要旨，如圖11-1所示。茲說明如下：

圖11-1　人際關係的平等互惠本質

一、平等原則

　　平等指雙方維持在損益兩平的溝通水準，沒有一方明顯「吃虧」或

「佔便宜」，理由是人際關係的建立需要有來有往，互相拉抬。固然單一時間中或許某一方可能大幅讓利，但通常不容易長久持續，在一段時期後必須拉回某種均衡的水平。正如筆者的座右銘：「你要別人怎麼待你，你就要先怎樣待人【11-1】。」只有單方面的付出，絕對無法長久維持關係。

理由是「平等」的原義意指保有自己的尊嚴與幸福感，「不平等」代表侵犯對方的自尊。至於平等與否的認定則是主觀的，明顯因人而異。換句話說，某個人知覺吃虧或佔便宜，此涉及個人的主觀價值。理由是個人在衡量平等的知覺價值時，係以自己的偏好和個性為依據，故即使在相同事件下，面對不同人並不一定會產生相同的公平價值判斷。

泰司（Tax）和布朗（Brown）指出，這時的平等包括四個層面的**知覺公平（precived justice）**【11-2】，說明如下：

(一) 分配公平

分配公平（distributive justice）指各方所獲得的實質利益是否平等，亦即雙方是否獲得應有的經濟報償。分配公平為個人關心其付出的努力代價，是否得到物質上的對價成果。個人感到滿意的原因是因為個人在努力的辛苦後，能夠獲得物質報償或對價服務。若以知覺價值觀點言，分配公平是一種知覺價值，指對方從此項關係中，將所獲得的事物和所付出的事物，做一整體效用評估。知覺價值即為某方對於付出和獲得間所給定的個人評價，藉此評估的效用即為「知覺價值」。可知獲得高結果（報償）的一方較諸獲得低結果（報償）的對方，其認知分配公平較高【11-3】。

(二) 程序公平

基本上，分配公平係屬於結果公平的範疇；至於過程公平則涵括程序公平和互動公平兩者，即指互動過程中的配套措施和外顯態度是否合宜。此處先說明程序公平。

程序公平（procedural justice）指各方表達客觀資訊或主觀感受的機會是否平等。泰司（Tax）和布朗（Brown）亦指出，程序公平指互動過程中的配套程序，如文書作業、等待時間、呈核批駁與說明方式等。其常受外在的規定、政策、法律所影響，主要表現在互動時可能花費的時間。認知程序公平主要是因為對方給予充分的發言機會，且不藉由拖延或阻擋，亦關心實質分配的內容。

(三) 互動公平

互動公平（interactive justice）指各方的態度是否合宜，是否願意道歉補償。互動公平行為主要是表現關切、富有禮貌和誠實無欺的態度；清楚解釋現在發生的情況，願意面對與解決問題，並且毫不猶豫改正錯誤。此時即可以公平理論，建構說明溝通互動的公平性（equity）和結果性（outcomes）。再者，在適當分配公平下，互動公平（如誠意道歉）和程序公平（如給對方解釋說明的機會），明顯會提高知覺公平和滿意度，提升人際關係。

(四) 立場公平

立場公平（viewpoint justice）指各方認定的角色和立場是否公平，是否公正無私。申言之，某一方認定對方的立場是否公平，如係站在企業利潤的立場，還是站在社會大眾的立場，或是站在政府治理的立場，甚至是站在道德正義的立場，而立場不公平往往是雙方爭執的導火線。

要維持長期間美好人際關係，需要建立在平等的基礎上。因為在人類大腦中，存在一檢驗點（checking-point）區域，它會自動檢查彼此互動的過程，並做出比較。若某方吃虧超過某一定程度，人際關係天平偏向對方時，它會在他的大腦中發出停止往來的命令，促使某方淡化關係。這是源自於人性中的公平機制，若人際互動關係違背平等的「平等」原則，即容易導致關係失衡，甚至爆發衝突。

二、互惠原則

互惠原則是人類生活互利共生的體現，互惠原則中的「互」字，意指「雙方互相」的意思。至於「惠」字，則指「有效利益」的意思。互惠即是雙方在溝通過程中皆獲取一定的「有效利益」，沒有一方是輸家，也就是所謂的雙贏。因為人類是群居的動物，不能離群索居，需要藉由人際間的溝通對話、互助合作和相互取暖來支應，方能夠存活及繁衍。至於互惠的有效利益內容包括以下三個層面，說明如下：

(一) 有效利益的認知差異

有效利益的認定並非各人皆相同，而是會伴隨個人價值觀的不同而有所差異。因此，互惠情況明顯會因著個人認知背景的不同，認知利益的差異而有區別。因此，需要先行瞭解對方的成長背景、求學過程、工作歷練、人生閱歷等，來判斷對方對有效利益偏好的認定。

例如，有些人偏好以物質金錢為有效利益，有些人偏好以名譽聲望為有效利益，有些人偏好以權勢地位為有效利益，有些人則偏好以精神心靈為有效利益。又有些人專注以人群親和為有效利益，有些人追求以專業知識為有效利益，有人則以人生意義為有效利益，不一而足。

(二) 有效利益的時空變化

有效利益的認定並非一成不變，而是會伴隨不同時空環境變化而變動。因此，互惠情況自然會因著時間、地點、事物的變動而改變。因此，適時調整自我並適應環境變化是非常重要的，這是雙方互惠交往的認知基礎。

例如：雙方在關係開始的初期，彼此認定具有「有效利益」而持續互動。然而當時間拉長後，可能轉變成為「無效利益」，因而面臨是否繼續互動的考驗。或是雙方認知在短時間內互動不具好處，但是在長時間則否，則會考慮是否應該堅持下去，維持互動關係。甚至導致雙方僅願意維

持表面的互動關係，但卻已經是有口無心，名存實亡，令人挽惜，這也是常有的發展。

(三) 有效利益的誘因要件

有效利益必須維持在某一水平之上，以當做雙方互動的誘因要件，這是人際關係維持互惠基礎的成立條件。理由是雙方光有平等位階的表象，但沒有互惠的實質，雙方關係自是難以長久維持。因為人類若面臨無利可圖的環境，在個人自利動機的驅策下，自然會驅動個人轉向其他更有利可圖的人際關係。

例如，若雙方在金錢上皆表現異常吝嗇，或雙方在情感上皆表現十分冷漠，或是雙方皆無意付出時間與心力，則雙方的互動關係恐怕難以維續。

張愛玲說：「裝扮得很像樣的人，在像樣的地方出現，看見同類，也被看見，這就是社交。」此話令人會心微笑。蘇格拉底也說：「好習慣是一個人在社交場中，所能穿著的最佳服飾」，就是這個道理。

11.2 黃金關係圈

人際關係有親疏遠近，正如居住地區有距離遠近之分，內層關係圈的重要性，明顯高於外圍關係圈。

【問得好】你的同心圓關係圈中，有哪些人呢？

某傳統菜市場裡熱鬧非常，四處是叫賣聲。

「來來來！香噴噴的香腸喔！」春嬌被股濃郁香味吸引，便湊過去向賣牛肉的老闆娘說：「老闆娘，我要買兩斤牛肉。」

「小姐，兩斤牛肉數量很多耶，要不要先買一斤牛肉試試看。」

春嬌嚇一跳，怎麼有這款做生意的，春嬌心裡犯嘀咕著。

心中正懷疑時，老闆娘笑著對她說：「小姐，你看起來很年輕，應該才剛結婚不久，兩斤牛肉你們可能吃不完呀！」

「對呀，我們家只有三個人。」春嬌點點頭。

「是的，一次買兩斤太多啦，牛肉若放太久，味道會走掉，就沒那麼好吃囉，建議你買一斤就好，等吃完再來買新鮮的。」

望著老闆娘的笑容，春嬌微笑著，後來，春嬌就成這家牛肉商店的常客。

在探究人際關係時，分辨各種關係的親疏遠近，以及在有限的時間限制下，如何致力溝通以經營較為重要的人際關係，是建立美好人際關係的關鍵，此時首需檢視個人的同心圓關係圈。

一、同心圓關係圈

在生命成長過程中，我們需要持續和他人互動以建立美好的人際關係，包括和父母、兄弟姊妹、親戚朋友、鄰居、同學、同事、手帕交、配偶，甚至是萍水相逢的服務人員。在互動過程中，我們有機會藉由溝通，由內圈到外圈，從我到我們之間，逐圈來建立人際關係。

這些人際關係就是我們的關係圈，是我們和周圍他人關係的縮影。基本上，關係圈有親疏遠近的差別，即所謂的「**同心圓黃金關係圈**」（**concentric zone golden relationship circle**），簡稱「黃金關係圈」或「關係同心圓」【11-4】，如圖11-2所示，說明如下：

圖11-2　同心圓關係圈

(一) 血緣關係圈

血緣關係圈又稱核心關係圈，狹義上包括直系血親的祖父母、父母、配偶、子女等血親親屬。廣義上更包括旁系血親的兄弟姊妹、叔伯、姨嬸、甥姪與等其他親戚等姻親親屬，這是我們最內圈、最親密的人際關係圈。這包括兩種層面的親近，說明如下：

1. 血緣關係的親近

基本上，直系血親和我們有最深的血親關係，而旁系血親的關係程度則較次。特別是直系血親關係圈，其代表生命之所出和基因之所傳。古人曾云：「先修身，後齊家，然後才是治國和平天下」，即明白揭示關係親疏遠近，以及和他人建立關係的前後次序。我們的人際關係基本上是核心圈關係的縮影，其他的關係則屬次要，因為我們對周圍人際關係的感受，即會代表我們對人生的看法。我們若能穩固維繫核心關係圈的人際關係，即可明顯提高個人幸福感，且能在社會奮鬥時，為我們築起一道堅固的保護牆。

2. 生活能見度的親近

在血緣關係圈中，基於很有可能同住在一個屋簷下，朝夕相處，故生活能見度甚高，溝通頻繁且透明，容易爆發摩擦和爭執。若因衝突導致感

情撕裂且關係離斷，對當事人的傷害最為強烈且刻骨銘心，故需戒慎恐懼的維護關係。

(二) 生活關係圈

生活關係圈是核心關係圈外的第二層關係圈，通常包括同學、同事、同黨、同工、同行、同道、同鄉、同宗、朋友的「同」字輩關係。在生活關係圈中，主要是藉由「相同」二字的連結，即相似度的串連，彼此交流並建立情感。此時雙方係在生活若干條件上相似，如省籍、教育程度、畢業學校、工作場所、居住地區、宗教信仰等。從而彼此在生活背景、意見表達、特定經驗、文化底蘊、價值傾向較為相近，較容易發展成朋友般的情誼關係。

(三) 普通關係圈

關係圈的最外層是第三層的普通關係圈，其涵括各級機關行號的服務人員、萍水相逢過客，以及素昧平生的路人甲等，這是關係程度最低的關係人士，若一旦關係撕裂，雙方感受到的傷害通常較低。

二、管理信心循環

不論是最內層的血緣關係圈，中間層的生活關係圈，或是外層的普通關係圈，在溝通時皆是透過「信心循環」（**trust cycle**）的程序，以強化彼此的信任程度，進而形成好的**關係品質**（**relationship quality**）。為管理信心循環，需要藉由需求、表達、滿足、安全、相信等五個環節步驟，循序漸進來建立雙方在溝通對話上的信心程度，如圖11-3所示。茲說明如下：

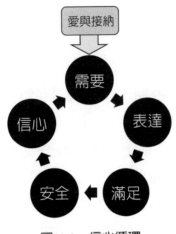

圖11-3　信心循環

(一) 需求

需求（need）是個人缺乏某種物質時，內心所衍生、呈現出的一種主觀缺乏狀態，代表個人對於某項客觀事物的渴望，是個人內心的眞實欲望和期待。至於需求的類型，若依據馬斯洛的人類需求層級模式，人類有五種需求，依序爲生理需求、安全需求、愛與歸屬感需求、自尊需求、自我實現需求等。

(二) 表達

當個人的某一項需求，供應不足夠之時，即會形成某種的期望（expectation），代表期盼透過某些事物來滿足該項需求的渴望，代表身心上的一種失衡狀態。個人需清楚表達（present）其需求和期望，健康的抒發需求；而非一昧加以隱藏和壓抑，或轉成以指責自己或強迫他人的方式呈現，此皆是不正常的需求抒發。而若長期無法正常抒發需求，通常會導致心理上或生理上的各種疾病，例如憂鬱症、躁鬱症、各種疼痛等。

(三) 滿足

個人一旦獲得某件事物來滿足某項期望，便能確認期望並獲得滿足，

形成滿足感（satisfaction）。即代表需求獲得供應，形成身心的某種均衡狀態，此時個人內心中即會生成「心想事成」的喜悅滿足感，身心會因著滿足感而呈現自在放鬆的舒適狀態。

(四) 安全

個人在自在放鬆的滿足狀態時，身心即會卸下武裝，放下自我防衛機制，改改取某種形式的安全狀態呈現，即表現出充分的安全感。此時個人的真我即會自然呈現，表現出平安和喜樂，若長久以往，個人的個性即會長大成熟。

(五) 相信

個人在具備充分的安全感中，自然會開始導致信任感的萌芽，相信週遭的人事物皆是善意的。個人即願意將個人弱點曝露在他人的面前，且相信對方不會恣意的傷害他。此為個人對環境和對他人的信任。在高度信任下，即容易轉動次一個信心循環，形成善良的信心循環。

特別在人際關係普遍疏離的今日社會，個人需要有能夠表達個人需求的對象，這是面對孤單寂寞的最佳藥方。個人更需要好好管理信心循環，在面對核心關係圈對象前，完全做自己，脫下假面具，擁有充足安全感，樂於相信對方，這是個人生命能否維持健康的重要關鍵。

三、兩種信心循環

信心循環可分成正常循環和異常循環兩大類，茲說明如下：

(一) 正常循環

這時是透過某方知道個人需要，在溝通時明確提出表達個人需要，再經由對方供應產品或服務，使需要獲得滿足，進而使提出需要者的內心產生足夠安全感，進而相信對方，建立信任感。繼而在彼此信任度建立後，促使另一方也提出需要，再由對方供應滿足之，以形成正向的信心循環。

(二) 異常循環

　　這時係某方基於心中恐懼或害怕，致在溝通時隱藏內心而無法表達真正需要，不向對方表達真正的需要，從而對方沒有供應產品或服務來滿足此項需要，進而心中產生緊張、憂慮等不安全感，並懷疑對方，無法建立信任。繼而因雙方欠缺信任，不易提出真正的需要，致無法形成正向的信心循環，即稱為異常循環。

　　若能妥善維繫核心關係圈的人際關係，即能明顯提高幸福感。

四、維持健康生命的基本因素

　　在此特別指出的是，配偶（夫妻）間的人際關係，當居各種人際關係之首要。理由有三，茲說明如下：

(一) 家庭的元素

　　首先，配偶是建立家庭的最小單位，是傳宗接代、綿延後代的必要組合，這是生理上的必要條件，具有生命傳承意義，故為人際關係之首。此呼應「生命的意義，在創造宇宙繼起的生命」。當然，此時仍容許存在有收養關係、代理孕母等例外情況。

(二) 親密的關係

　　再者，惟有配偶，是個人在晚間時分，卸下工作壓力，解除個人武裝後，同床共枕的親密對象；更是肉體上寬衣解帶，共享歡愉愛情，魚水之歡的特定伴侶。也是生育、養育、教育下一代的長期夥伴，其具有長期親密生活的實質，故為人際關係之首要。因為個人並不會經常在父母前，或在子女前，寬衣解帶以享受愛情。又如：「人要離開父母，與妻子聯合，二人成為一體」【11-5】，足見配偶關係的重要性。此時，夫妻雙方需親密聯合，如同一人般，不再依戀父母，方能由原生家庭關係中長大成熟，

建立屬於新的衍生家庭。

(三) 生活的照護

　　三者，配偶是彼此生活上相互照顧的對象，具有生活陪伴的需要。甚至是一方晚年老病時，能夠床邊陪伴，彼此護持，乃至於含淚送終的親人。具有日後互相照顧的準備，故當為人際關係之首。因為父母通常會較我們百年終老，子女則有新建立的家庭需照顧。

　　惟需指出的是，此時並非指無需孝順父母，而是指配偶間需先建立穩固婚姻關係，然後方能同心的孝敬雙方父母。因為只有新建立的衍生家庭能夠美滿幸福，才能無後顧之憂的孝敬父母；若衍生家庭關係失火岌岌可危，如何能分心分力來孝敬父母，這豈非本末倒置。因此，個人要先離開父母的原生家庭，才能新建立美滿的衍生家庭，這是重要的原則。又如：「要孝順父母，使你得福，在世長壽，這是第一條帶有應許的誡命」【11-6】，更揭示孝順父母的必要性，此是摩西十誡中的第五誡，十分重要。

11.3　管理關係存摺

　　隨時記得在關係存摺中存款，必會使關係水缸中維持高水位，經歷關係飽滿的愉悅。

【問得好】你多久沒有對家人「生產」親情了？

　　有一天，春嬌參加學校的校慶活動回來，她笑著拿出一大把海綿軟糖放在桌子上，由於海綿軟糖外型十分可愛，有小海豚、小兔子、小貓咪、小貓熊等，味道也十分芳香，她的先生志明和孩子們便想拿起來吃，海綿

軟糖總共有七塊。

「等會，我們家有四個人，我們將海綿軟糖分成四份，每一份都要一樣多」，春嬌笑著說，

大家不禁一愣，心想要如何分配海綿軟糖，

「這是個愛心測驗，誰先想出來，我就親他一下，」

孩子們向春嬌做個鬼臉，大叫一聲，然後繼續苦思，七塊海綿軟糖怎樣才能夠分成四份呢。

「如果七塊軟糖沒有辦法分成四份，那麼八塊軟糖呢？」，春嬌做個小提示，

大兒子突然想起餐桌上還有一塊軟糖，這是上回志明去花蓮出差買回來，還沒有吃完的餅乾，便拿出來湊成八塊海綿軟糖，然後很快就分成四份了。

春嬌先在大兒子的臉上親一下，也給他一塊海綿軟糖，這一下大兒子有三塊海綿軟糖了。

「各位寶貝，解這一道題的關鍵在於，需要先給出去自己這一份，去分享，去付出，才能夠在愛的關係存摺中存入足夠愛的關係，好使我們的四周圍都充滿愛。」春嬌微笑的說。

在各級關係的建立、強化和維護過程中，「一分耕耘、一分收穫」，以及「種瓜得瓜、種豆得豆」絕對是基本原則。而建立關係、強化關係和維護關係是需要耗費時間來溝通。我們若不像園丁般的用心經營人際花園，花費時間並付出心力來溝通，實無法獲得美好人際關係果實。泰戈爾說：「我們必須先奉獻自己在生命中，才能夠獲得生命」，即是如此。

一、關係存摺

首先，各級人際關係即有如一本本的**關係存摺**（relationship

passbook），其有如各家銀行或郵局的存戶存摺帳本，存摺中有數字來表示存款金額的高低。即個人和他人間的關係高下，一如帳戶存摺中的數字，數字愈高代表彼此間的關係愈好。透過關係增減機制，借用會計學的借方和貸方，便可在個人和對方的人際關係存摺中借貸關係。茲說明如下：

(一) **關係存款**

關係存款（relationship deposit）是指在關係存摺中存入款項，即在個人和對方的建立關係、強化關係和維護關係過程中，每當個人向對方用心說出正向的話語，做出貼心的服務，帶給對方身心溫暖的快樂感受，進而感受彼此關係的增強與進深，此時即是在雙方關係水位上注入新的活水，在雙方友誼關係中放進新增的「存款」。

我們需要在關係存摺中多添增存入款項，要珍惜每次的會面，每次的溝通機遇，用心經營周遭的人際關係，在彼此關係存摺中適時存款。並在每天中，對接觸到的每個人，親切的問候彼此，不要吝惜給出你的溫情。記得要永遠多說出感謝和多表達真心讚美，在彼此關係水位中加分。如此一來在你的人際關係存摺中，必定是充滿有餘，並且打造出自己的關係金字招牌。

(二) **關係提款**

關係提款（relationship withdrawal）是在關係存摺中提出款項，即在個人和對方的建立關係、強化關係和維護關係過程中，每當個人向對方有意無意的說出負面話語，做出嫌惡的動作，造成惡性衝突，帶給對方身心受創的痛苦感受，進而感受彼此關係的弱化或退步，此時即是在雙方關係水位中抽取水分，在雙方友誼關係中提出「提款」。

個人與他人的關係資本，即雙方的關係水位，即關係存款減去關係提款後的數額，代表彼此間關係資本的高低，安全感尺度的高低，以及關係

品質的良莠。因為一旦關係提款恆常大於關係存款，即代表彼此間的關係帳戶存款不足（**deposit shortage**），需要即刻補進關係存款，否則便會被對方列入禁止往來的無效帳戶。

要珍惜每次的會面，每次的溝通機遇，用心經營周遭的人際關係，在彼此關係存摺中適時存款。

培根說：「一個人建立人際關係時的行為舉止，像是一件心靈衣裳，而且具備衣裳的所有特點。因為行為舉止應合乎外界時尚，而不應希奇古怪；它應表現心靈美的同時，又能夠掩飾其不足。」總言之，每個人的行為舉止不能太過於極端、太過於偏差、太過於呆板。

二、四種關係生產函數

基於在關係建立、關係強化和關係維護過程中，需要有對應的生產活動，製造產出來因應，此即形成所謂的**關係生產函數**（**relationship production function**）【11-7】。即個人需使用人力、資金、時間、技術等生產要素，來「生產」個人的各級人際關係。這時有四種關係生產函數，如圖11-4所示，茲說明如下：

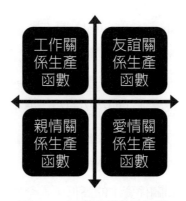

圖11-4　四種關係生產函數

(一) 工作關係生產函數

工作關係生產函數（**work relationship production function**）是在工作的同事中產生的關係，即為工作關係生產函數$Q_{work} = f_{work}(L, K, T_1, T_2)$；其中，Q代表產出數量，$L, K, T_1, T_2$分別代表人力、資金、時間、技術投入。此時個人若想獲得某項成果（即關係產出），需要投入相對的人力、資金、時間、技術，此符合經濟學中「生產函數」的要旨。

例如，某人要在工作上建立同事或工作夥伴關係，需要投入人力、金錢、時間，藉由工作關係生產函數的運作，運用工作互相支援配搭，或策略聯盟來經營，甚至花費時間進行顧客關係管理，持續生產關係利益和營業利潤。

(二) 友誼關係生產函數

友誼關係生產函數（**friendship relationship production function**）是在生活層面的朋友中，所產生的關係，即為友誼關係生產函數$Q_{friend} = f_{friend}(L, K, T_1, T_2)$。

例如，某人要在生活上獲得友誼，需要投入勞動、資金、時間，藉由友誼關係生產函數的運作，透過分享陪伴、意見溝通，關心對方，持續經營友誼，持之以恆必然獲得豐滿的友誼果實。

(三) 親情關係生產函數

親情關係生產函數（**family affection relationship production function**）是在家族的親人中產生的關係，即為親情關係生產函數$Q_{family} = f_{family}(L, K, T_1, T_2)$。如父母和子女間、祖父母和孫子女間、兄弟和姊妹間、叔伯和妯娌間等。

例如，某人要在家庭上獲得親情，那就需要投入勞力、金錢和時間，藉由親情關係生產函數的運作，使用力氣、金錢和心思，多陪伴家人，花時間傾聽對方，必然會享有溫暖的家庭親情。

(四) 愛情關係生產函數

愛情關係生產函數（**love relationship production function**）是在婚姻的情人中產生的關係，即為愛情關係生產函數$Q_{love} = f_{love}(L, K, T_1, T_2)$。如丈夫和妻子間、男女朋友間等。

例如，某人要在婚姻上獲得愛情，那就需要投入勞力、金錢和時間，藉由愛情關係生產函數的運作，運用各種力氣及心思，花錢和對方交往約會，多花時間陪伴對方，這是必經之路。

天底下沒有不勞而獲之事，也沒有白吃的午餐，許多人際關係若不花上時間和心力來維護，當時間一旦拉長，便容易冷淡疏遠。例如，許多夫妻在結婚多年後，婚姻亮起紅燈，此係因為在婚後，彼此並未有如婚前，用心生產愛情關係，以致於愛情關係水位不足，愛情關係退化。此時雙方即需運用愛情生產函數，用力生產愛情，提高彼此的愛情關係水位，方能重拾美滿的愛情關係。

三、人生管理需兼顧多元目標

(一) 多個目標需要兼顧

以上工作、友誼、家人、愛情關係四方面，共同構成我們人際關係指數的內涵，再加上健康的自主管理。這時便形成人生多元目標（工作、友誼、親情、愛情、建康等五個目標）的問題，這是多目標規劃的問題，而不是單目標規劃問題。

此時，為尋求美好人生，上述多個目標需要兼顧，平行發展，不宜獨沽一味，以致於顧此失彼，徒留遺憾。因此，現代人需針對此點，進行有智慧的選擇，衡量輕重，並積極有效管理時間，方能期其有成【11-8】。

(二) 時間限制下的取捨

然而，基於一天只有二十四個小時。若某個人在增加生產工作關係的同時，自然需配合減少生產友誼、親情和愛情關係。例如，有許多日夜忙

碌的工作狂人，其整天經營工作人際關係，工作成效卓著，事業有成。然同時經常發現，他的老朋友和過往同學都因久未聯繫而漸形漸遠；他的家人和配偶關係也多半疏離，甚至發生子女叛逆或夫妻離異的情事，此係由於長期疏於生產友誼、親情和愛情關係之緣故。

退一萬步言，若某個人刻意同時生產工作關係、友誼關係、親情關係、愛情關係四方面，必然犧牲或壓縮夜晚睡眠休息的時間，即減少生產健康身體。在身體未獲得妥善照顧情況下，久而久之必然病痛上門、罹患惡疾，甚至危及生命。

結婚二十六年，在上帝的奇異恩典中，志明、春嬌夫妻伉儷情深，因為兩人都堅持夫妻感情至上。就算是工作再忙，結婚後也絕不可停止約會，而要隨時藉由愛情生產函數，努力生產愛情。當兩個小孩接連出生後，志明、春嬌就有很多次把孩子送交「家庭托嬰」，臨托兩、三個小時，來爭取寶貴的約會時間。那時志明、春嬌經濟並不寬裕，只能在夜市旁，胡亂挑家廉價小吃店約會，儘管如此，現在回想起來仍感甜蜜。後來孩子都長大了，志明和春嬌更每週至少抽出半天約會和吃飯、或是郊遊，或一起做點事情，努力藉由「愛情關係生產函數」，賣力生產愛情。這個習慣已經維持二十多個年頭，長時間以關係存款方式，結果造成志明、春嬌夫妻享受恩愛，舉案齊眉的甜美果實。

【智慧語錄】

家庭和睦是人生最快樂的事。

——歌德（Goethe），文學家，《少年維特之煩惱》與《浮士德》作者

在光明中高舉，在死的陰影裡把它收起。和你的星星一同放進夜的寶盒，早晨，讓它在禮拜聲中開放的鮮花叢裡找到它自己。

——泰戈爾（Robindronath Thakur），文學家，

《新月集》與《園丁集》詩作者

【本章註釋】

11-1 「你們願意人怎樣待你們，你們也要怎樣待人」，原文出自聖經馬太福音第7章第12節。

11-2 有關認知公平的分類，敬請參閱Tax, S.S. and S.W. Brown (1998), "Recovering and Learning from Service Failure," Sloan Management Review, 39(Fall): 75-88. 以及Tax, S.S., S.W. Brown and M. Chandrashekaran (1998), "Customer Evaluations of Service Complaint Experiences: Implications for Relationship Marketing," Journal of Marketing, 62(4): 60-77.

11-3 有關分配公平的內涵，敬請參閱Lapidus, R.S. and Lori Pinkerton (1995), "Customer Complaint Situations: An Equity Theory," Psychology and Marketing, 12(2): 105-122.

11-4 核心關係圈的黃金關係圈之討論，敬請參閱趙燦華譯（民94），關係DNA（史邁利‧蓋瑞著），加州：美國麥種傳道會出版。

11-5 「人要離開父母，與妻子聯合，二人成為一體」，原文出自聖經創世記第2章第24節。

11-6 「要孝順父母，使你得福，在世長壽，這是第一條帶有應許的誡命」，原文出自聖經以弗所書第6章第2-3節。

11-7 關係生產函數一如經濟學中的生產涵數，由勞動、資本、土地、中間資源、時間、技術等投入要素，製造出產品等產出。

11-8 敬請參閱陳澤義（民103），《管理與生活》，台北市：五南出版。

【行動作業】

請試著分析一段朋友、親人或家人的溝通對話，來檢視其中的需求、表達、滿足、安全、相信等五個步驟，並說明此舉已經建立彼此在對話上的信心。

第十二章　溝通與人際界線

【清風漫步】

　　當你走進森林公園中，

　　你是否已經發現，每一株樹木，每一朵花朵中間，

　　都會湧流出一股生命靈氣，不自覺的在你我的心中流動。

　　你會經驗到這股生命力量，它已經傳進你的心中，

　　它彷彿可以看得見、可以摸得著，它事實上就在你我的身邊，

　　若是你刻意的站立，吹風，體驗風兒的吹動，

　　風兒是涼涼的，接觸到你身體皮膚上的感動，

　　風兒吹動著你，吹掉你身體上堆積的灰塵，

　　風兒涼意沁入皮膚，輕輕地挑動你的感覺，

　　若是你剛好站在陽光下，讓太陽的光芒溫暖你的每個細胞，

　　陽光就好像愛人般的溫暖，使你的皮膚被捧在手心中被輕撫，

　　這會使你的心中不自覺覺得暖暖的，心中感覺到甜甜蜜蜜的，

　　是有一份愛的溫暖，湧進你的心底。

　　這個時候，你應該能夠體會：

　　愛已經充滿在你的內心。

12.1　尊重人際界線

界限就是界線，是雙方的楚河漢界疆界的那條線；界線更是分別室內室外的一條建築線，是人際關係的一套保護機制。

【問得好】你怎樣做才能尊重對方的人際界線呢？

　　合宜的溝通管理不免會涉及人際界線，因為在傾聽、提問、說話、對話的各個溝通過程中，必然會與自己與對方中間的人際界線相關聯。因此，本書特闢專章加以說明。

　　基本上，人際互動係在平等互惠的基礎下展開，此時具體的溝通管理落實即需尊重人際界線，本節即加以說明。

一、界線的意義和內涵

　　界線包括「界」和「線」二者。因此，界線的意義自然包括「界」和「線」兩個層面，茲說明如下：

(一) 各別之地「界」

　　「界」指地界、疆界或邊界，為兩個獨立的國家、縣市、城市、企業、部門或個人之間的所屬地界，用以宣告歸屬個別的主權領域。在所屬地界中的土地和居民，均有其應享有的權利和應擔負的責任。例如，城市和城市之間的劃定市界，用來界定個別的市地歸屬、市民權利與應盡義務。即如，臺北市和新北市之間係以淡水河和新店溪為界，臺北市位居河東，其居民享有首都的福利；新北市位於河西，新北市民的福利並不同於臺北市民。

(二) 彼此之界「線」

　　「線」指中間線、分隔線，是隔開雙方的一條有形或無形的中間線，具有區別的意涵。意指區分並隔開兩個個別的主權領域。中間線可用山嶺、江河、城牆、柵欄、圍籬、隔間、門窗、身體的各種形式呈現。因此，既言其界，必然有雙方，即我方和對方，且其皆具有獨立的主權，必須給以尊重，此為管理並尊重人際界線的第一條準則。

　　此外，「線」也是「限」，是各別之「限」制。即限制各方的行動，

未經對方允許，不得隨意越過界線。例如，我們經常可見在房舍花圃內的某處，有人豎立牌碑，牌中標示「此處為私人地界，不得擅入，違者報警查辦」。又如，甲國和乙國之間劃定界線。此時任何飛機、車船與個人皆不得越過國界，違反將會遭到擊落（飛機）、擊沉（船隻）、擊毀（車輛）、擊殺（人員）。另兩人之間亦有界線，常指身體界線，其他人不得任意碰觸對方的身體。特別是女性的身體，男性不得任意碰觸，否則即會遭性騷擾處置。又如小學生常在教室的長條課桌椅上畫條白線，若對方越線，即行拍打對方。

　　以下專門就人際界線的功能加以討論。

二、人際界線的功能

　　人際界線（**interpersonal boundary**）的功能是我們制定人際界線的原因。克勞德與湯森德（Cloud & Townsend）指出，人際界線的功能有三【12-1】，如圖12-1所示，茲說明如下：

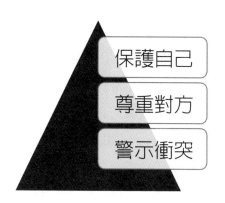

圖12-1　人際界線的三項功能

(一) 保護自己

　　人際界線可保護每一個人，不致在溝通過程中，遭受他人任意的侵入或侵犯。在屬於自己的領域上，立下一道有形或無形的牌碑，使對方知道

此處是屬於某個人的地界，並告知對方何處是自己和對方之間的關係分界線。

例如，志明在自己的土地和房屋內，志明具有所有權，可以自由管理該塊土地和房舍，在志明的房間裡，要如何擺放家具是自己的權利，這是一條保護界限，他人不可以干涉或阻止志明在自己家中的裝潢行為。

(二) 尊重對方

界線可提醒自己，在溝通時要尊重對方的地界，不可踏進他人的領地或領空。即在他人的地域裡，已立下牌碑，宣告對方的主權，也使自己知道需要尊重對方的主權。這是人際間的基本尊重，是個人待人接物的基本禮節。因此，界線顯明應尊重他人，自己沒有權力去介入、干涉，甚至要求改變他人的生活習慣，更不可強迫他人過和你一樣的生活。

例如，夫妻雖同在一個屋簷下生活，但丈夫仍不可命令妻子改變穿衣方式；妻子也不可強迫丈夫改變生活作息習慣。丈夫更不可要求對方配合你轉換工作或生兒育女。

(三) 警示衝突

界線也是預告衝突發生的可能，因為若某一方隨意越過界線，侵犯對方，定然會爆發衝突爭端。理由是當有人越界侵入，另一方必定會奮起抵抗，奮力保衛疆土，拉起物理武裝或心理防衛機制。

例如，父母親意圖控制子女，強迫子女攻讀某個熱門科系或從事某項職業工作，導致雙方發生口角衝突。再如父母親未獲子女同意，即強行進入子女房間，拿取物品，搜索衣櫃，也會爆發激烈爭吵，甚至演出全武行。

三、錯誤人際界線的傷害

相反的，錯誤的人際界線必然造成傷害。這包括以下兩種形式：

(一) 喪失成長機會

錯誤的人際界線會使一方失去成長機會。由於此時某人若干份內應當完成的事務，反被他人完成，致使得某人喪失成長，承擔責任的機會。例如，父母親過度保護、關懷子女，多次代替子女完成學校課業；或藉由關說來減少子女應當擔負的作業或實習；當子女闖禍時幫助子女收拾善後，以上做法皆會使子女失去獨立成長的機會，導致缺乏在社會中獨立生活的能力。

(二) 喪失自我人格

錯誤的人際界線會使一方過於依附對方，喪失自我人格。例如，妻子容易將自己是否快樂，依附在丈夫心情是否愉悅身上。甚至將自己婚後的悲慘遭遇，皆歸罪在先生或婆婆的逼迫與虐待上。又如，子女將父母親的婚姻離異或感情失和，歸咎在自己行為不乖身上，進而生發錯誤的罪咎感。甚至當某人被他人恣意欺侮、惡意對待，由於缺乏勇氣向對方說「不」，以致於被他人予取予求，形成人為刀俎，我為魚肉，任人擺布的情形，這是錯誤人際界線的例證。

四、開關人際界線的方法

另外，界線是一扇門窗，而非一座城牆，門窗能夠適時打開或關閉，適時聯絡各方人事物；城牆則是橫亙其中，阻絕各方出入聯繫。至於開關人際界線的方法有四者，如圖12-2所示，茲說明如下【12-2】：

界線是一扇門窗，而非一座城牆，門窗能夠適時打開或關閉，適時聯絡各方人事物；城牆則是橫亙其中，阻絕各方出入聯繫。

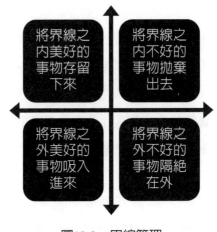

圖12-2　界線管理

(一) 將界線內的美好事物存留下來

我們若要靈活開關人際界線，首先需要對於界限內的美好事物，用心保留儲存。這包括以下三類的美好事物，說明如下：

1. 經典好書和名言佳訓：在周遭身邊，若有經典好書和名言佳訓，應當用心保存。即如藝術陶冶和美學賞析的詩詞書畫，皆應予以留存，藉以思想藝術人文、思想眞善美聖、思想信望愛樂、思想道德倫理，以及思想上帝創造等。

2. 溫馨回憶和美善經驗：在自己過去生活經驗中，若有溫馨回憶與美善經驗，自當予以存放保留。即如旅遊照片、活動剪影、紀念實物、日記簡訊等。藉此懷念回想、感念疼惜，並刻畫入心田，如此便能坐擁美好人生【12-3】。

3. 感謝、感恩和讚美：在自己心中若興起感謝周遭他人，感恩造物主宰、讚美歌頌新生命等美好感動意念，這時就該讓美好感動持續存留心中，蔚爲心中活水江河，天天川流不息。

例如，自然科學家牛頓（Newton）發現萬有地心引力【12-4】。然而

牛頓更是位神學家，他研究聖經的興趣絕不低於研究科學，並且牛頓發現科學理論和宗教信仰不會互相牴觸。因著信仰上帝被牛頓堅定常留心底，不管何種事情牛頓都能榮耀上帝，讚美上帝，這使牛頓的生命更臻美好，更不同凡響。

(二) 將界線內的不好事物清除出去

我們若要靈活開關人際界線，其次需要對於界限內的不好事物，徹底清除乾淨。這包括兩類的清除事物，茲說明如下：

1. 明顯的骯髒污穢事物：舉凡色情書刊或影片、各級毒品或菸酒淫具，皆是明顯的骯髒污穢事物，應當勇敢將它們掃除出去。它們是明顯的有害垃圾，需要予以清除，以確保身心健康。這就有如在我們家中，若堆積物品垃圾、腐爛木竹、腐敗廚餘、過期食品等，應當需要適時清除，避免散發惡臭，吸引蚊蟲、蟑螂，傳播病菌，甚至危及生命。

2. 不明顯的陰暗灰色事物：舉凡貪心邪情、驕傲妒忌（美貌或財富）、前途茫茫的灰色思想、憤世忌俗的黑色暴力等，不管是心中意念、周邊書報或3C物品，均應當驅趕出界，直接將它清除出去。這就有如我們需要每天刷牙、洗臉、如廁、洗澡、換衣服、清潔打掃、倒垃圾，清除自身的垃圾一樣。

面對界線內的不好事物，除應每天清潔和時常打掃外，更應定期大掃除和全面整頓，才不會敗壞心靈，滋生錯誤態度和行動。

例如，吳建豪在2000年時，因著演出流星花園F4美男角色而紅遍亞洲，他那時年僅22歲，吳建豪於是在演藝圈中迷失，陷入情色誘惑、嫉妒陷阱、金錢迷陣中。吳建豪說，這段時間是他遠離上帝的時刻，他的人際關係和家庭關係都非常差。後來他認識生命中最重要的耶穌，吳建豪自此決心拋去不好的嫉妒、貪心、驕傲、欺騙意念，藉著上帝信仰勝過試探，成就美好人生。

(三) 將界線外的美好事物吸入進來

要靈活開關人際界線，第三需要對於界線外的美好事物，我們需果斷說：「是的，我要」，將它吸入進來，這包括以下三類美好事物，茲說明如下：

1. 美好景物：對於外界的美麗風景和歡樂時光，要及時吸收進到內心。例如，在旅遊時，若遇見美麗風景或歡笑活動時，需要將此美好回憶框入心中。

2. 美好事蹟：對於外界的美善人物，如古今中外先聖先賢，對其所發生的美好事蹟，要看做生命典範，吸入內心進行**典範學習（paradigm learning**）。例如，在課堂中，聽到教師諄諄教誨；或在書報攤中，閱讀嘉言好書，會遇見古聖先賢的美好事蹟，這時就該將此視為標竿，邀請至心中以豐富生命，做好**標竿學習（benchmarking learning）**【12-5】。

3. 真心勸誡：對於外界的真心勸誡，如出自別人內心的忠告，需要吸入內心並接受勸告。例如，面對師長朋友的真心勸誡，固然忠言逆耳，但需要體諒對方苦心，願意大費周章般的用心良苦冒犯。這時，需要放下自己的面子和驕傲，開啟心扉接受勸告，此為最難能可貴的品格。

例如，唐太宗重用誠實敢言的魏徵，明察秋毫、察納雅言，振興國是，成就歷史的「貞觀之治」，為英明勤政的典範。魏徵過世後，唐太宗傷心不已說：「人以銅為鏡，可以正衣冠；以古為鏡，可以見興替；以人為鏡，可以知得失；魏徵沒，朕亡一鏡矣。」足見唐太宗對魏徵所提供的美好事物，十分嚮往。

(四) 將界線外的不好事物隔絕在外

最後，對於界線外的不好事物，我們需信心堅定的說「不要」。將它阻絕在外，這包括以下兩類不好事物，茲說明如下：

1. 損人但利己的不好事物：舉凡販毒、走私、洗錢、搶劫等皆是害

人的事情，雖有金錢利益，仍應斷然拒絕誘惑。另在旅遊中，如遇見不道德的風土民情、器物或飾品，應拒絕購買採用，杜絕它進入家中。

2. 害人又害己的不好事物：如吸毒、賭博、色情援交，我們需勇敢拒絕，無庸擔心被排斥或報復。另在電視、電腦或電影中，遇見暴力、色情或血腥片段，即當將該不好事物拒絕在外。

此外，若遇見他人言語暴力或性騷擾，甚至性侵犯時，更需勇敢說：「不！」並機警求救、告發，不可姑息養奸。

例如，2012年夏，藝人李宗瑞淫照事件占據報紙媒體頭條版面。無論學校、辦公室、捷運站等處，皆聽見人群議論，瘋傳分享邪淫照片或影片。這時身為一位有原則的大學知識份子，應該設立明確界線，勇敢對淫照說「不」。或許同儕會認為這人很無趣或是假道學，但個人卻應藉此自保，遠離污染心靈的畫面和思緒。正如藝人范瑋琪對此事件的立場聲明：「不收看、不傳閱、不討論」，此舉不僅保護事件受害人，更將黃色邪淫事物，阻隔在心靈界線之外。

界線另包括心理界限，即分辨此事屬於「自己的事情」，或屬於「別人的事情」；亦即釐清此事屬於「自己應負的責任」，或屬於「別人應負的責任」。若是自己分內的責任，理當自己承擔；若是別人的責任，則理應由對方承擔。這時我們只能基於愛心的緣故，協助對方處理，而非一昧替對方承擔。這是個人運作愛、生活與學習各種事物的基本原則【12-6】。

例如，若有人遭遇不景氣風暴，被企業裁員而失業。我們可以買個便當探望對方，試圖安排對方教育訓練或面試機會，而非在經濟上長期支助。因為找到工作養活自己和小孩，是對方應當承擔的責任。

12.2 人際關係的三個尊重

尊重心牆、尊重對方、尊重差異，是建立和諧人際關係的重要通關密語。

【問得好】你怎樣才能和他人維持和諧穩固的人際關係？

　　此外，在溝通時要留意人與人之間，微妙的安全感尺度，不要刻意衝撞對方，因為每次的不良溝通，皆是提領雙方關係存摺中的款項。

　　所謂安全感尺度，意指彼此在現有關係水平中，令雙方感覺舒適的溝通方式。此時，為建立和諧人際關係，史邁利（Smalley）指出在溝通時需留心「三個尊重」，便可確保雙方的安全感尺度，即尊重心牆、尊重對方、尊重差異【12-7】，如圖12-3所示，茲說明如下：

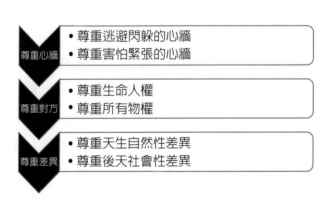

　　尊重心牆
　　• 尊重逃避閃躲的心牆
　　• 尊重害怕緊張的心牆

　　尊重對方
　　• 尊重生命人權
　　• 尊重所有物權

　　尊重差異
　　• 尊重天生自然性差異
　　• 尊重後天社會性差異

圖12-3　和諧關係的三個尊重

一、尊重心牆

　　尊重心牆即尊重現狀，在溝通時尊重對方設下的安全防禦城牆。其中包括兩種心牆，茲說明如下：

(一) 尊重逃避閃躲的心牆

由於某人尚未準備好面對，他人的質疑與闖入，因此會啟動防衛機制，築起防衛心牆。若對方強行闖入，必將導致對方的慌張失措的的難堪和尷尬。或是彼此關係尚未臻熟絡，因此一方會築起心牆，用來逃避對方的搜索，保護牆內的脆弱心靈，此時不可強行侵入。

(二) 尊重害怕緊張的心牆

由於某人對若干事物具有不佳經驗，因此心生恐懼害怕，進而築起高牆，避免再經歷類似的事物。若對方強行闖入，必將引發深度的恐懼，致情緒失控而發生危險。

一般人的內心多會有想要打破對方心牆的衝動，但這時卻需要預先準備，例如，為對方做點服務、友誼交流、表達善意等，創造以後再進一步溝通的條件。如此便能使對方感受到誠意，逐漸卸下心防，重行開啟心牆。因為，對方會築起心牆必有其因，這時需先承認此一事實，且讓對方瞭解，除非他有足夠安全感而主動拆除心牆，我們不會強行進入或限時拆除。直等到那時水到渠成，才進入更美牆內。因為我們已經尊重對方，尊重築起心牆的自由意志。

二、尊重對方

尊重對方即尊重生命，在溝通時要尊重對方這個人，維持王子尊貴般的尊敬。其中包括兩種權利，茲說明如下：

(一) 尊重生命人權

尊重生命人權即尊重對方是活生生的生命體，是某位父親的兒子或母親的女兒。不可因為對方的種族、出身、身高、體重、容貌、職業收入、社會地位、居住地區等差異，即行輕視對方。反而要將對方看成是上帝美好的創造，給予對方應有的尊重。因為每個生命都是上帝所創造，是神聖的，是奇妙的，是無價之寶。當用上帝的眼光，尊敬生命，給予對方價值

時，我們和對方間就有足夠的安全感，能增進彼此的關係。

(二) 尊重所有物權

尊重所有物權即尊重對方所擁有的物品、房間或土地等，不可因為和對方較為熟悉，關係較深，就失去對他起碼的尊重。例如，父母私自進入子女房間、妹妹私自打開姐姐衣物、教師私自開啓學生書包侵犯學生隱私、上司言語暴力侵犯下屬等，上述不尊重的行為定會破壞雙方的關係。

當我們用上帝的眼光，尊敬生命，給予對方價值時，我們和對方間就有足夠的安全感，增進彼此的關係。

三、尊重差異

尊重差異即尊重特色。即在溝通時要用好奇的眼光，而非評斷的角度，來看待彼此之間的個別差異處。其中包括兩種差異，茲說明如下：

(一) 尊重天生自然性差異

尊重差異是尊重上帝的創造，上帝創造的各人都是不同個體。有人是白皮膚藍眼睛，有人是黃皮膚黑眼睛。有人身高達七呎，有人則不足五呎。有人運動細胞發達，有人心思敏銳。有人活潑開朗，有人內向沉靜等。

這時，我們無法刪除對方某個成分，而必須全然接受對方，看成一個整體。如此便給對方足夠的空間，讓對方充分展現自我，也有被全然接納的安全感。他無需刻意遮蓋自己的某一個層面，如此雙方便能夠自然地成就和諧的人際關係。

(二) 尊重後天社會性差異

尊重差異更尊重社會化的影響，在不同國度，有人生於原野鄉林而善騎射，有人長於都會城市而諳金融。有人家中崇尚開放教育而重開朗創

新，有人家中多禮教薰染而重規矩次序。又有人自幼失怙而勇敢獨立，有人父母溺愛而懦弱無能。

面對後天的差異，我們需要以一顆好奇心來品味，用一顆欣賞的心來認識對方。基於好奇心會產生興趣和安全感，欣賞會帶來瞭解和彼此敞開，進而產生生命的互動關係。至於妄加評斷則會貶損對方自尊，破壞彼此關係。只有在彼此珍惜、相互關愛的情形下，方能開啟安全的纜繩，瞭解為何對方和我的行為不相同的理由。因此，尊重差異是促成和諧人際關係的重要保護機制。

12.3 管理和諧關係

管理和諧關係的敲門磚是用心和人際界線共舞，互相尊重，追求天人物我間的和諧關係。

【問得好】你對你的家人，最近說話內容是什麼呢？

在台北街頭，人們邁開忙碌的步伐，無視周圍他人氣息，冷漠心腸充斥台北天空。

志明出身鄉野，很不習慣台北這樣冷漠的氛圍，他開始思想，怎樣才能縮短人和人之間的距離。他想到，微笑和問安，最能夠溫暖每一顆冷漠的內心。

於是志明走遍台北每個角落，每到一地，他就先對各人揮手問安，也拍下每個人的笑容和回應的問候。在拍照前，他會先向對方說明原因，也得到對方的熱烈回響。

就這樣，志明一步一腳印的，拜訪每個鄰里，蒐集拍攝一千多張微笑

的臉龐,他將這些照片整理做成一套「笑臉地圖」,張貼在台北各個公益展場,並取名「台北的天空,你我的笑容」,這樣的舉動,贏得台北居民的熱烈掌聲。

管理和諧人際關係需要在溝通時用心與人際界線共舞,麥肯納（McKenna）提出和界線共處的四大法則【12-8】,如圖12-4所示,茲說明如下:

圖12-4　管理和諧人際關係的四個法則

(一) 維護種瓜得瓜法則

種瓜得瓜法則是指種瓜會得瓜,種豆會得豆,這是上帝賜給人類的因果律。個人種的是什麼,收的也必然會是什麼。若勤勞春耕和夏耘,必然會有豐富秋收和冬藏,這是自然界的定律。因此,與人際界線共舞的第一條法則即是維護種瓜得瓜的因果法則,即尊重每個人的界線,便可免除諸多的無謂干擾。

申言之,若此件事情是某個人應當擔負的責任,而其他人卻介入他人界限中越俎代庖的代行,破壞原有的界線。此時除會使某個人失去學習、成長和磨練的機會,造成此人必須等待下次的機會。事實上其他人應當讓

原先撒種的某個人，收割自己撒種後的果實，才是正路。

種瓜得瓜法則是指種瓜會得瓜，種豆會得豆，這是上帝賜給人類的因果律。

　　例如，蘇格蘭醫生、作家與議會改革家斯邁爾斯（Samuel Smiles）曾說：「種下一個思想，便會收割一個行動；種下一個行動，便會收割一個習慣；種下一個習慣，便會收個一個個性；而種下一個個性，便會收割一個命運。」這就是種瓜得瓜，種豆得豆法則。在斯邁爾斯的人生後期，他決定放棄政治改革，轉而修練內心世界。斯邁爾斯又說：「知識本身是最高級的享受，無知的世人匆匆辭世，沉溺於物質和感官享受。」人人都有未完成的任務，都需要修練心智，需要透過學習和教育，發揮天賦能力，完成上帝給我們的使命。

(二) 清楚責任義務法則

　　責任義務法則是指在溝通時自己需要為自己負責任。個人需要自我成長，其他人不能代替別人成長，也無法代替別人感覺和思考。同理，個人需要為自己負責，其他人也需要為他自己負責，這就是遵守清楚責任義務法則。

　　此時，責任義務界線需要清楚界定，界定各方的明確關係。個人和他人的穩固人際關係，即需個人深知自己的界線，自己也能和他人的界線和平共處。因為個人的界線若清楚，心理上便擁有完全的愛，就不會有關係失去的恐懼，不害怕喪失關係、不害怕失去關愛、不害怕別人不喜歡、不害怕失去讚美、不害怕愧疚感等。個人不會因著害怕，而隱藏這條界線，反而是因為不害怕，而表露自己的界線。即是「愛裡沒有懼怕，愛既完全，就把懼怕除去【12-9】」，此和上帝的「愛人如己、彼此相愛」心意互相調和。

　　例如，某個人若出於愛心，以金錢或物資幫助遊民或乞丐，便會形成必須幫助對方，持續幫助對方的困境。也就是個人每次的愛心捐助，便會強化此一惡性循環。事實上，此人需要遵守責任義務法則，使遊民或乞丐，學習為他自己的人生負責，學會生活營生方法，這才是真正幫助對方。

(三) 回到真實能力法則

　　真實能力法則是指在溝通時真實認知自己能力的範圍。界線能使個人認知自己能力的限度，學會謙卑，知道自己的無能為力，沒有能力改變環境、改變天氣、改變歷史、改變他人。自己只能改變自己，進而影響他人。自己可以原諒他人，並且釋放他人。

　　這時，自己會知道自己是誰？自己不是誰？得到從上帝來的智慧，知道哪些是我們有能力改變的事情？哪些是我們沒有能力改變的事情？知道自己應該努力做什麼，回到真實能力法則。正如文學家尼布爾說：「上帝啊！求賜給我恩典，讓我接受我不能改變的事實；求賜給我勇氣，改變我可以改變的；並求賜給我智慧，能夠分辨當中的不同點。」

　　例如，台灣奧美整合行銷傳播集團的白崇亮董事長，在《勇於真實》自傳【12-10】中提及，自己怎樣走出白色恐怖，走出失去父親的陰影。因為上帝改變了他，以及妻子的扶持和智慧，使他勇敢面對自我，面對心靈的深處，深知自己能做的和不能做的，並勇敢選擇原諒他人，此印證回到真實能力法則。白崇亮的人生經歷正如天下文化的高希均總裁所說的：「若父親的遇難，是上帝給白崇亮最大的考驗；那麼在心底深處的『愛人』信念，就是上帝賜給白崇亮最大的恩典。」

　　又如，東晉時代的著名詩人陶淵明，他內心懷抱著任何人都不能侵犯內心界線的原則和理想，即所謂的：「士不得為五斗米而折腰」。他原本能夠過著榮華富貴的生活，或至少衣食無缺，然而因著他心中堅持內心界線原則，無法接受政治官場的惡劣作風和腐敗行為，因此推辭掉官職。雖

然失去許多機會，但因著陶淵明並沒有違背自己內心的基本原則，他便能夠快樂的淌洋在山水田園間，享受吟詩作對的樂趣，充滿著對生命真諦的熱愛與追求。

(四) 運用相互尊重法則

相互尊重法則是指在溝通時尊重對方。尊重對方的所有權，並且尊重對方的這個人，這是和人際界線共舞的深層意義。因為自己需要先學會尊重對方的界線，喜愛對方的固有界線，方能反過來要求對方尊重自己的界線。此即：「無論何事，你們願意人怎樣待你們，你們也要怎樣待人，因為這就是律法和先知的道理【12-11】」。所以容我再次強調，在尊重人際界線的前提下，自然學會尊重規則、尊重生命、並尊重上帝。

最後，再說一次，無論何事，我們願意別人怎樣待我們，我們也需要怎樣對待別人，因為這是遵守人際界線的基本指導原則。在此時，完成【行動作業】是個不錯的嘗試，可具體瞭解如何和他人建立美好關係，管理人際界線。

【智慧語錄】

人的生活離不開友誼，但要得到真正的友誼才是不容易；友誼總需要忠誠去播種，用熱情去灌溉，用原則去培養，用諒解去護理。

——馬克吐溫（Mark Twain），小說家，

《湯姆歷險記》和《頑童流浪記》作者

真誠的、十分理智的友誼是人生的無價之寶。你能否對你的朋友守信不渝，永遠做一個無愧於他的人，這就是你的靈魂、性格、心理以至於道德的最好考驗。

——馬克吐溫（Mark Twain），小說家，

《湯姆歷險記》和《頑童流浪記》作者

【本章註釋】

12-1 敬請參閱蔡岱安譯（民90），《過猶不及》，亨利‧克勞德、約翰‧湯森德著，美國加州：臺福傳播中心出版。

12-2 開關人際界限的方法，敬請參閱葛幼君譯（民95），《從NO到GO：界線越清楚，自由越無限》（大衛‧麥肯納著），台北市：啓示出版社。

12-3 要珍惜溫馨回憶和美善經驗，珍惜感恩是一種最好的習慣，敬請參閱Urban, H. (1995), 20 Things I Want My Kids to Know，曹明星譯（民99），《黃金階梯：人生最重要的二十件事》（三版）（伍爾本著），臺北市：宇宙光出版。

12-4 有關萬有地心引力，即牛頓提出「萬有引力定律」係來自於其手稿《樸次茅斯文集》之中，藉此合理解釋潮汐之生成和地軸二分點的運動與歲差之問題。

12-5 有關典範學習（paradigm learning）和標竿學習（benchmarking）的論點，敬請參閱Jossi, F. (2002), "Take A Peek Inside," Human Resource Magazine, June, pp. 46-52.

12-6 有關劃分「自己的事情」和「別人的事情」；「自己的責任」和「別人的責任」，即指立定人際界線。敬請參閱葛幼君譯（民95），《從NO到GO：界線越清楚，自由越無限》（大衛‧麥肯納著），台北市：啓示出版。以及趙燦華譯（民94），《關係DNA》（蓋瑞‧史邁利著），美國加州：麥種傳道會出版。

12-7 有關尊重心牆的內容，敬請參閱趙燦華譯（民94），《關係DNA》（蓋瑞‧史邁利著），加州：美國麥種傳道會出版。

12-8 和界限共處的前提是界限必需清楚被他人看見，敬請參閱葛幼君譯（民95），《從NO到GO：界線越清楚，自由越無限》，大衛‧麥

肯納著，台北市：啓示出版。

12-9 「愛裡沒有懼怕，愛既完全，就把懼怕除去」，原文出自聖經約翰
壹書第4章第18節。

12-10 詳情敬請參閱白崇亮著（2013），《勇於眞實》，台北市：天下文
化出版。

12-11 「所以，無論何事，你們願意人怎樣待你們，你們也要怎樣待人，
因爲這就是律法和先知的道理（馬太7:12）。」原文出自聖經馬太
福音第7章第12節。

【行動作業】

請試著針對一個事件,說明你在溝通時,需要怎樣重新調整,來尊重雙方的人際界線,以增進彼此的友誼感受。

第十三章　溝通與自我形象

【白雲漫步】

現在請安靜的坐下來，對你自己重複的說這一句話：

「我就是我自己。」

這句話似乎說起來很簡單。但是，

你需要在生活中的每一時、每一刻都記住這句話。

不管是在你工作時，是在你休息時，是在你和朋友會面時，

也就是now and here，你可以放下所有的角色。

你便可經驗到，你無需對任何人證明什麼。

你是百分之百自由的，你就是你完整的自己。

你無需被你的弱點和缺點所控制，也不需用力證明自己是誰。

特別是你在別人面前丟臉的時候，或是在競賽中失敗的時刻。

要記得維持住這個自己。

這是沒有人可以傷害的、奪去的，這個真實的自己。

這是自由、自在、自信的你自己。

13.1 檢視自我形象

找到屬於獨特的自己，包括自己的個性風格，興趣偏好和學習方式，這能認清我為什麼是我。

【問得好】你是誰？你到底是誰？

　　在溝通管理過程中，若是要做好同理式傾聽、肯定式提問、尊重式說話、主動與建構對話等環節，皆需要探究個人自我形象的正負向程度，以及從當中衍生的傾聽能力、提問能力、說話能力與對話能力。亦即個人若已具備正向自我形象，學習溝通管理的效果自然是事半功倍；反之，若具備負向自我形象，則學習溝通管理的效果極可能會事倍功半。因此本章即探討溝通與自我形象管理的內涵。

　　為管理自我形象，首先需檢視個人的自我形象內涵。此時即是需要認識和面對自我，認清我為什麼是我，從而生活中有個踏腳石，人際關係看得更遠，且能建立深厚的人脈。

一、自我形象的兩個層次

　　自我形象（**self-image**）可稱為自尊（**self-respect**），是自我認知評估的統稱。例如，我是一個很好、很棒的人；我是一個幽默風趣、活潑開朗的人。自我形象包括兩個層次，如圖13-1所示，茲說明如下：

自己給他人的印象　自己看自己的印象

圖13-1　自我形象的兩個層次

(一) 自己給他人的印象

　　自己給他人的印象，是他人眼中怎樣看你。這其中包括兩個子部分：

　　1. 公眾我（arena）：即你知、我也知的部分。又稱開放自我，是面對公眾時的自我形塑樣式，也是自我的舒適區域。例如，姓名、身高、長相、衣著、教育程度、聯絡電話、工作地點等。

2. 盲目我（blind spot）：即你知、我不知的部分。又稱盲目自我，是被公眾知曉但自我卻無意識的範圍，也是自我的無知區域。例如，小動作、口頭禪、綽號等。

(二) 自己看自己的印象

自己看自己的印象，是自己看自己是哪一種人，是自我認知、認同的特定印象。此一印象業已根深蒂固，植入在腦海中，此已是自己的意念和思維，甚至成為人格的一部分【13-1】。這其中包括三個子部分：

1. 公眾我（arena）：即你知、我也知的部分。例如，姓名、身高、長相等。此部分一如前述，此不再重複。

2. 隱藏我（façade）：即你不知、我知的部分。又稱隱匿自我，是自我有意識但在公眾面前確保留的部分，也是自我的坦露區域。例如，失敗、傷痛往事、難堪故事。若能勇敢自我揭露，誠實面對自己，將有助於打破僵局，再造新局。

3. 未知我（unknown）：即你不知、我不知部分。又稱未識自我，是公眾和自我兩方面都無意識的範圍，是自我待開發的區域，又稱為潛意識。例如，潛力、爆發力、靈感等。

以上即構成周哈里窗戶（JoHari window）的內容，是認識內在四個自我的重要管道。即你知我知的公眾我、你知我不知的盲目我、你不知我知的隱藏我、你不知我不知的未知我四者【13-2】，如圖13-2所示。

自我形象可稱為自尊，是自我認知評估的統稱。

伴隨著人際關係的推展，「公眾我」的區域會愈來愈擴大，「盲目我」和「隱藏我」的部分會愈來愈縮小。若能透過擴大公眾我領域，縮小隱藏我的私人領域，便可消除人與人之間因為認知差異，所帶來的誤解。

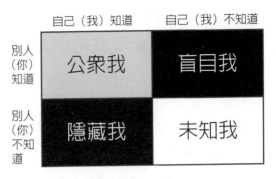

圖13-2　周哈里窗戶

資料來源：整理自Robbins (2013)。

具體而言，即是透過向對方談論自我保留的事物，而減少不需要的精力和時間耗費，也就是做到坦誠相待，以增進雙方的瞭解。

因此，自我形象並非別人所能強加在我們身上的事物。自我形象是怎樣真實的看待自我，是一個人在獨處時，自己對自己的真實自我感受，自我形象或自尊其實是來自內心的。又基於愛裡沒有懼怕，愛既完全，就把懼怕除去。故我們需要在愛裡接納全部的自己。

二、自我形象的神奇力量

自我形象係來自於自己的外表（如身高、體重、特徵、長相、容貌等），也可能來自於自己的內涵（如智商、能力、個性、品味等）。自我形象是一種自我認知評估，如自我評估是正面、積極、樂觀的高自尊；亦或是負面、消極、悲觀的低自尊。自我形象通常有點主觀，有些時候也並非準確。

若個人具備正向自我形象，看自己正面且積極，從而行為表現積極進取、勇往直前的動能。自然容易和他人建立和諧關係，容易建立深厚人脈，而有利於推動建立事業版圖。

反過來，若個人抱持負向自我形象，看自己負面且消極，從而行為表

現消極退縮、自卑退後的態度。如此自然不易和他人和諧相處，不易建立人脈關係，而明顯會波及事業發展。

歌德說：「一棵樹上很難找到兩片一樣的葉子，一千個人中也很難找到兩個人在思想情感上完全相同。」請記住，每個人都是獨一無二的，世界上並不存在另外一個你。正如你的眼球和指紋是獨一無二，世界上也沒有完全一樣的雪花和食鹽結晶體。因此，要欣賞你自己，欣賞上帝那獨特的創造。我們不用迎合大多數人的眼光，任意改變自己，也不必要自視過高而自負，亦不宜自視過低而自卑，而是要看自己看得合乎中道，力求心意更新而變化【13-3】。

三、自我形象的形成

我們個人的自我形象如何形成呢？基本上，自我形象多成形於孩童和青少年時代，故和個人的成長過程高度相關，需要從自己的生命故事（life story）來探索。析言之，自我形象形成包括三個層面，如圖13-3所示，說明如下：

圖13-3　自我形象形成的三個面向

(一) 家庭樹

家庭樹（**family tree**）記錄著自己的血親和姻親關係圖，以及親人的

重要生命故事，例如，單身、結婚、離婚、臥床、亡故等事件。透過家庭樹，個人可以探索自己生命的根源，以及個性發展的重要記事，從而尋訪出自己自我形象的形成梗概。

泰戈爾說：「我希望你照自己的意思去理解自己，不要小看自己，被別人的意見引入歧途。」這提醒我們需要先接納自己，爲建立美好自我形象做好奠基的工作。

(二) 踏腳石

踏腳石（**stepping stone**）記錄著自己成長的重要紀事，藉此導引出自己之所以成爲現在樣式，所牽連的各個重要生命事蹟。踏腳石係將你從以前的A點，踏踩進入到現在的B點。透過踏腳石，我們可以探索自己生命成長的走向，以及當中關鍵的突發事件，以及對自己的影響，從而尋究出自己自我形象的形成取向。

在成長過程中，無論是原生家庭（family of origin）、學校、社團的經歷，皆會有許多事件發生，其包含若干重大事件。在事件當中，我們可能遭遇他人的善意或惡意對待。此時他人若樂意協助或以溫柔言語相待，即易使我們生成正面的自我形象；別人惡意欺侮惑以惡言相向，便易使我們形成負面的自我形象。而這些都會形成你生命的刻痕，成爲生命的踏腳石。

引申言之，從孩童時期，到國中、高中的青少年，乃至於大學時期。這時父母親是否支持、學校學業成績的高低、老師的評語、兄弟姐妹的反應、同學玩伴的態度、以及特殊重大事件，都是形成自我形象的重要養分。

此時生命中的歡樂、喜笑和愉悅歲月，若經刻意面對，在心中發生相近的感受，產生長期記憶，即在腦海中留下長期印象，驅策我們成爲他人所對待的樣式，將有助於建立正面的健康自我形象。相反的，生活中的挫

敗、痛苦、失落經驗，若未能妥善面對，便會在心中留下負面印象，驅策我們成為他人所指定的樣式，結果形成負面的低落自我形象。其易怒、退縮，暴力傾向，容易對若干事物敏感等，以上都是負面自我形象的徵候。

(三) 內在誓言

內在誓言（**inner vows**）是生命的某些特定事件，當中某位特定人的口中所說出的言語，如同下達某個「口令」，被自己全然採信，刻在心版上，導致個人行為不自覺的朝口令方向發展，最後形成個人人格的一部分。觀乎「命」字，即由「口」加上「令」二個字所構成，即可見他人話語口令對個人命運的影響力。

內在誓言通常發生於孩童和青少年時期。因為個人當年幼時，其生命是由年歲較長的成年人所操控，而由成年人口中所說出來的話語，特別是自己的親人的話語，會影響孩童或青少年怎樣看待自己。因為這時個人生命中的自我形象，係由成年人所決定。

準此，蒐集個人生命中的重大事件，並且按照時間順序先後排列，包括：最具正面影響的事，以及最具負面影響的事。再由當中問自己以下幾個問題：

「當時自己的情緒感受為何？」
「當時自己是否對該事件做出解讀，甚至做出對自己生命價值的負面批判？」
「該事件對自己形成何種的『內在誓言【13-4】』？」
「該事件是否已經影響到自己現在的生活表現？」

透過回答上述問題，便能夠看出該事件對個人自我形象的影響效果。
例如，志明的大哥志清曾對志明說：「你是個沒有出息、沒有用的

人」，結果志明聽進這話並烙印在腦海中，成為志明的內在誓言，並驅策志明成為一個沒有出息、沒有用的人。即志明表現出經年失業在家、酗酒吸毒、沉迷電玩，來印證兄長志清所說過的這句話，這也形成志明的負面自我形象。

後來志明更和交往五年的女朋友春嬌分手，並且春嬌在不久後另嫁他人，發生此一事情，志明覺得很生氣，很痛苦，受羞辱，覺得自己沒有用，並且認定女人都很現實，以致對自己說：「志明不好，志明是一個爛咖。」志明形成非常負面的自我形象。結果在羞憤的情緒夾纏中，志明甚至走向自殺之路。

在這個時刻，若志明能藉由旁人協助反思自己，並讓思緒回到分手事件的現場，從而志明對自己說：「春嬌沒有選擇我，不是志明不好，而是我們彼此不合適。」使得這件事情不會造成志明的負面自我形象。從而志明在重新認識自己後，對自己說：「志明要更加努力，發揮自己所長。」結果志明重拾書本，努力用功投考研究所，並獲得博士學位。

13.2 重建破損自我形象

自我察覺、自我覺醒和自我改變，是重建業已破損自我形象的三大工程。

【問得好】我怎樣才能察覺到自己的負面自我形象？

若要重建業已破損的自我形象，高偉雄指出，在溝通時至少需要經歷自我察覺、自我覺醒和自我改變的三個階段【13-5】，如圖13-4所示，說明如下：

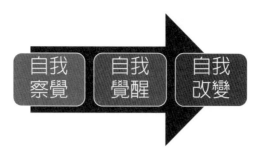

圖13-4　重建破損自我形象的三道按鈕

一、自我察覺

　　自我察覺（self-awareness）是自己覺得需要去修補負面的自我形象，願意面對過去傷痛的記憶。這需要相當大的勇氣，因為面對過去傷痛會觸動情緒爆發的開關，自我察覺會開啓生命成長的水流。

　　自我察覺需要用心思去做，因為察覺負面的想法或念頭，往往不容易捉摸，它通常是一眼閃過、稍縱即逝的。若是你能夠自我察覺到自己腦海中的負面想法，體會它經常出現負向意念，你便開啓自我成長的潘朵拉盒子，啓動重建正面自我形象的第一道按鈕。

自我察覺需要用心思去做，因為察覺負面的想法或念頭，往往不容易捉摸，它通常是一眼閃過、稍縱即逝的。

　　例如：開始留意常態性胸悶時的心中意念、規律性肚子痛時的心中意念、經常性頭痛或失眠時腦海中所呈現的意念，並且認定這個意念和某一個事件間具有關聯性。

　　現在給自己一分鐘，先大口吸口氣，讓自己的思維更清晰，再感覺並體會自己在過去這天當中，自己在想些什麼事，留意或傾聽自己所說出的每句話，看看這當中是帶著害怕、憂愁、憤怒、報復的負面情緒較多；還

是帶著開心、歡欣、快樂、喜愛的正面情緒較多。現在就開始進行自我察覺吧！

二、自我覺醒

自我覺醒（self-awake）是自己清醒過來，看見自己負面自我形象的背後根源。即藉由回想自己過往的生命故事，記錄當下事件發生時的點點滴滴，記錄當時自己的態度和想法，事件部分細節，以及對自己當時造成的感受，進而探索自己破損自我形象的生成根源，進而尋訪重建正面自我形象的新契機。

若你開始自我覺醒到自己的內在誓言，並且認定這些是造成你負面自我形象的真正原因，那便已啟動重建自我形象的第二道按鈕。

因為，我們若是愈關注那些負面內在誓言，那就愈會長出更多的負面思想，掉進負面自我形象的漩渦中，無法自行走出來。因為我們的心關注什麼，我們這個人便會長出什麼，此即著名的「吸引力法則」（**law of attraction**）【13-6】。

現在給自己一些新鮮空氣，感覺並體會自己厭煩那種一而再，再而三的生氣發怒感受。進而覺醒到就算自己生更多氣，只會對自己創造更多生氣的環境，使自己掉進生氣的深淵中；同時自己也警覺到一個事實：其實問題仍在那裡，並沒有消失。

這時，面對負面情緒的「黑狗」（**black dog**）【13-7】，也就是因著錯誤的負面思想，所引發的一連串負面情緒感覺，仍然需要以正向思考面對之。

三、自我改變

自我改變（self-change）是自己開始改變，改變自己的內在心思和意念。即改變自己的思想方式、說話方式、認知模式和內在誓言方式。因為若要成就外在正面的自我形象，需要先改變內在的思想意念。

　　若是你開始自我改變，整理自己的思想意念，開始搬動桌椅廚櫃，惹起若干灰塵。我要恭喜你，你已經啓動重建自我形象的第三道按鈕。若要改變自己的自我形象，需要破除內在誓言，挪開舊思維，清掃內心房屋。有如大掃除般，一個房間，一個房間的搬動物品，打掃灰塵，清理地面，然後再潑撒清潔劑，用清水刷洗，也就是正確的新思維重新灌進你的內心。茲以圖13-1列示重建自我形象的三道按鈕。

　　例如，志明發現自己容易在事情還沒發生前就窮緊張，把自己搞得神經質，也失去快樂感。後來，上帝啓示志明，突然間志明感覺到，自己是一位未雨綢繆，事前預備妥當的負責任的人，這是很好的。但無需過分緊張，因爲這不僅是於事無補，反而增加身體負擔，導致容易出錯。志明開始自我整理，重新思想，並對自己說：「志明做得很好。」「事實上志明已經表現得很棒了。」「這一切沒有什麼大不了的。」於是志明慢慢的全身放鬆，不再過分緊張，而是開始微笑、放下、大笑、歡呼，甚至能夠自我解嘲。

13.3 管理自我形象

你我要爲今天以後的自我形象，負起完全責任，也就是「自尊是自己的責任」。

【問得好】你怎樣才能夠建立正向的自我形象？

　　最後，你要管理自我形象，即建立並維護正向的自我形象並。此時在溝通時需做到以下兩點：

(一) 要爲自己思考

　　一個關鍵的事實是：我們已經長大，是成年人了，可以自己做主決

定，要怎樣正確看待別人所說出來的話。也就是「要為自己思考」【13-8】，這是建立正向自我形象的基石。

(二) 自尊是自己的責任

一個基本條件是，「若沒有經過自己同意，沒有人可以隨便貶低你」，這是建立正向自我形象的基本態度。因為這是你的基本人權，不管別人對我們說什麼，你有權利決定，要不要接受它，要不要認同它，甚至反倒是成為別人所說的樣子。因此，只要你年滿二十歲，是個具有選舉權的成年人，你就要為今天以後的自我形象，負起完全責任，也就是「自尊是自己的責任」【13-9】。

當然，嘴巴在別人臉上，別人仍然可以說些中聽的話使你心情快樂，對方也可以說些不中聽的話來使你心情不好。但是，只有你自己可以決定要不要接受這些話，以及要怎樣回應對方，這點應該成為你我的基本生命態度【13-10】。

例如，「台灣之光吳季剛」，因為他設計的時尚禮服，經由美國總統夫人蜜雪兒在歐巴馬的總統就職舞會時穿著，蜜雪兒光芒萬丈、驚豔全場，從而使服裝設計師吳季剛名號大起，躍升至全球舞台。然而，吳季剛在年幼時，也曾經歷自我形象重建的過程。吳季剛在幼年時期很喜歡蒐集芭比娃娃，打理芭比娃娃的服飾，甚至親手為娃娃編製衣裳，也因此吳季剛不敢對同學訴說，深怕被發現後遭受嘲弄和恥笑，因此吳季剛在學校時經常是孤單的。吳季剛的母親雖然一開始會擔心，但是在確認兒子的興趣和專長後，便毅然決然地鼓勵、栽培吳季剛，陸續引導孩子到蒙特婁、東京、巴黎、紐約學習深造，在比較適合吳季剛的環境中，讓他全心發展服裝設計事業。試想，若是沒有母親的背後支持，或是吳季剛在年幼時候無法抵擋同儕們對於他自我形象的否定和嘲弄，那麼吳季剛便很可能無法建立正面肯定的自我形象。

【智慧語錄】

　　人類最大的幸福就在於每天能談談道德方面的事情。無靈魂的生活就失去了人的生活價值。

——蘇格拉底（Socrates），古希臘哲學家

活到老學到老，時間考驗真理。

——英國古諺

你熱愛生命嗎？那麼，別浪費時間，因為生命是由時間組成的。

——富蘭克林（Benjamin Franklin），科學家，電力發明人

【本章註釋】

13-1 有關自己的意念與思想的論點，詳情敬請參閱Allen, J. (2009), The Wisdom of James Allen, London: LISWEN Publishing。魏郁如、王潔、陳佳慧譯（民98），《我的人生思考》，詹姆士·艾倫著，台北市：立村文化出版。有關認知方面敬請參閱Robbins, S.P. (2013), Organization Behavior, the fifteen edition, New Jersey: Prentice-Hall, Inc.

13-2 有關周哈里窗戶的論點，周哈里窗戶（JoHari window）係由美國社會心理學家Joseph Luft和Harry Ingham於1955年所提出，而取兩人名字中的前兩個字母命名。敬請參閱陳皎眉（民102）。人際關係與人際溝通（二版），臺北市：雙葉書廊。

13-3 「不要效法這個世界，總要心意更新而變化。各人不要看自己過於所當看的，要照著上帝所分給各人信心的大小，看的合乎中道」，原文出自聖經羅馬書第12章第2-3節。詳情敬請參閱林瑜琳著（民100），《從聖經中尋見自我》，台北市：福音證主協會。

13-4 吸引力法則（law of attraction）意指相似思想的人，彼此會相互吸引，同時又會尋找、吸引其他人的一種過程，即為某種相互吸引的過程，而不只是在某個思想對其他思想的單向影響。吸引力法則係由阿特金森（Atkinson）於1906年在《思維波動或思維世界的吸引力法則》一書中所提出。

13-5 敬請參閱高偉雄著（民97），《有傷害，沒傷痕》，台北市：橄欖文化出版。

13-6 情緒黑狗（black-dog）意指精神官能症的癥狀，此名係起於邱吉爾首相，他向來以對待慢性病患者的方式，照料他所飼養的黑狗並給牠服用一種名叫「小甜甜」的藥物，控制這隻黑狗。後來森田正馬循此提出森田理論，即透過個人觀念來治療精神官能症，經由學習

方式，將自己投射成馴獸師，馴服自己心中的頑皮小黑狗，並且由不安全的阻力，轉化成為卓越的動能，進而成功治療。

13-7 內在誓言（inner sware）意指一個人在遭逢一椿傷害事件後，從他的內心生發出某種正面或反面的強烈決定，導引出某種行為、態度、事件或關係，以致於影響及個性與人格。詳情敬請參閱吳維傑著（民100），《你可以進行內在醫治》，台北市：多加幸福婚姻促進協會出版。以及屈貝琴譯（民98），《面對心中的巨人》，路卡杜著，台北市：校園書房出版。

13-8 「為你自己去思考」，詳情敬請參閱Urban, H. (1995), 20 Things I Want My Kids to Know，曹明星譯（民99），《黃金階梯：人生最重要的二十件事》（三版）（伍爾本著），臺北市：宇宙光出版。

13-9 有關自我形象與生命態度的相關論點，敬請參閱陳澤義（民101），《影響力是通往世界的窗戶》，聯經出版。

13-10 有關態度的論點，敬請參閱Robbins, S.P. (2013), Organization Behavior, the fifteen edition, New Jersey: Prentice-Hall, Inc.

【行動作業】

1. 請試著寫下五件你值得感謝的事物，以及對三個人表達你對他的讚賞。

2. 請評估你的「自我形象」與「自尊」如何？你會建議做哪些立即的「決定」來提升你的自我形象？你還會建議做哪些「溝通學習計畫」？

第十四章　溝通與事件解讀

【清風漫步】

在我今生的生命中，一切就是這樣的幸福、快樂和美滿。

我無需選擇相信原來的限制和缺乏。

現在，我決定用上帝的眼光看待自己，

我是快樂、幸福和美滿的。

我生命的真相就是：我天生就是快樂、幸福而且美滿的，

今天是這樣，未來也會是這樣。

現在，我選擇使用這一份樂觀的態度，度過自己的人生。

我選擇在對的時間，對的地點，用對的想法，想出對的方法。

在上帝安排給我的生命中，天天都是奇妙的、美好的。

14.1　事件的解讀

人生，是由許多的「今年」組成，是由數萬個「今天」組成，是由許多特定事件所編織成的畫布，是為事件串接的人生。

【問得好】在過去這個禮拜當中，你碰到哪些事件？你怎樣看待你上一次的失敗？

在溝通管理時，必然會面對當時經常發生或偶然發生的特定事件，而雙方對於個別事件的解讀內容，將會影響溝通對話的品質水平，進而影響事件的後續發展。因此，溝通與事件解讀需要特別以專章來討論。

　　人生，係由很多個「事件」串接組成，這些事件的整體編排，便構成生命的萬花筒。

　　若一連串發生令人愉快、喜悅的事件，自然容易使你在溝通時對明天充滿盼望；但是一旦發生令人不高興、不舒服的事件時，你要用什麼樣的心情繼續過日子呢？甚至當發生更多的不快樂，甚至是傷痛的事件，情況幾近失控時。例如，財務入不敷出、親子關係緊繃、健康搖搖欲墜、配偶吵架離婚、法院查封房屋、被裁員失去工作等，你要怎樣看待這些事情呢？在這個時候，有什麼力量能夠陪伴你支撐下去呢？

　　在此時此刻，使你對明天擁抱希望的動力是什麼？甚至是當你知道自己是一位失敗的父親，是一位冷血的老闆，或是一位被丟棄的員工時。或你知道配偶離開你，子女遠離你，你還能夠對明天抱著樂觀的心情嗎？

　　在許多事件晃過眼前，你若能心存盼望，必然能夠相信，絕望中依然會會有盼望、在苦難中依然會有平安、在困惑中依然會有解答、在失落中依然會有纜繩。而這一切必定和你對生涯的事件解讀，你對人生的價值觀感，乃至於你對於天人物我的生命信念密切相關，也自然可以由你最終的使命信仰中獲得答案。

　　例如，志明碰到一些事情不如意的時候，例如，助理沒有照志明的意思或時間內，完成所交辦的事情時；或是突然有不速之客插進來，打亂志明的既定行程時。以前志明會很不高興，並且不給對方好的臉色。現在志明則是學會先和自己對話：

　　「這一件事情不過是一件小事情，我志明何必為它生氣抓狂呢！」

　　「這些都是小事，如今也沒有什麼大不了的事情！」

　　這樣一來，志明的生活壓力便大幅減輕，每天哼起小調歌唱的次數就增加了。

解讀就是你如何看待、解釋過往事件的意義和內容。

　　這個世界成天都有許多事情發生，這許多事情便組成我們眼中所謂的「事件」（**event**）。在溝通時你怎樣看待、解釋上述事件的意義與內容，便是你內心的「解讀」（**explain**）。基本上，事件的本身和解讀的內容不必然是相同的，這是因為對於身邊的「客觀事件」，人們會進行「主觀解讀」的情形【14-1】。

　　更進一萬步言，你快樂與否，對未來有無信心，全繫於你能否運用客觀合宜的角度，看待你周圍發生的這些事件。因為「當你看到一處公園之時，你可以專心看美麗的花朵，也可以專心看路旁的野草。」這絕對是你能夠自行選擇的，若是你只是集中心思在灰暗、不順利的事件上時，心情上自然會少了快樂；但是，當你專注在明亮、美善的事物時，內心自然會心花怒放，歡樂洋溢。準此，你可以使自己的思想開闊點，除看見事件的缺失處，也要多多看見事件美善與豐富的層面。

　　當然，我們需要對個別事件，做出合宜、正確的解讀，從而就事論事，不致墜入負面情緒黑狗（**black dog**）的漩渦；也不會無故牽連，掉進事件解讀連環爆炸的迷障，分不清事實的真相；不會以偏概全的解讀以致於波及無辜，或以全概偏的解讀以致於過於專斷。這樣一來，你的生活品質必然提升，能夠預約明日的希望。這當中有四個主要的意涵，如圖14-1所示，茲說明於後：

一、事件的解讀各人不同

　　上帝所創造的各人皆是獨特的個體，故每個人對於某特定事件的解讀，通常是不相同的。理由是每個人對於某特定事件，對其發生的因果歸因、看法意見，乃至於未來發展的預期，通常是不必然相同的。

圖14-1　從事件到解讀

　　例如，春嬌和秋月都公職考試落榜，春嬌解讀為考試當天睡眠不足，導致考試失常，故準備明年重考。而秋月則解讀成命運不濟，不具備公務員的命格，不宜參加公職考試，於是放棄轉而到私人企業。

　　又如，你怎樣看待「某一悲慘事件臨到我們身上時，這段期間卻無人關心」，這樣的一個事件？

　　再如，你怎樣看待「柯文哲當選台北市長」、「陳水扁前總統保外就醫」、「911恐怖攻擊事件」、「釣魚島主權爭議」，或「南韓選出第一位女性總統」。相信你我的解讀都不會相同。

二、各事件間並不相干

　　基本上，在上帝允許下，你身邊發生的各個事件之間都是不相干，而是相互獨立的。因為每個事件的背後，都是許多人做下決定後的結果，而這些決策彼此間並無關聯。這時，要怎樣看待每個個別事件，不致相互連通，不致把甲事件和乙事件串接攪在一塊。這是十分重要的人生智慧，定然會影響你的喜樂心情。這時你需要分辨何為「客觀事實」，何為「主觀解讀」。

　　例如，春嬌今天在公司時被主任斥責一頓，認定業績不足；搭公車

下車時被司機擺臉色，說下車為何不先拉鈴；回家後被先生志明念一頓，說女兒功課成績落後。這三件事情其實是風馬牛不相及。春嬌不宜捕風捉影，牽強附會當中的任何因果關係。

又如：某天下雨，志明上班途中被駛過公車潑濕長褲。在學校電梯口，被冒失衝出的學生撞翻書本。中午在餐廳掌櫃找零錯誤，少找給志明二十元。回家在公車路上想打電話和妻子春嬌連絡，驀然發現手機不在身上。回到家門口，又找不到大門鑰匙，必須先找鎖匠開門才能進到家。固然這五件事情皆令志明不快。但其實這五件事情都是互相獨立，互不相干的。志明千萬不可胡亂牽扯，認定今天倒楣透頂，甚至算定今年本命宮犯煞，導致厄運不斷，需要安太歲點光明燈，甚至引動風水氣勢以消災解厄，這些純屬無稽之談。

三、不宜偏頗概括

你怎樣看待「某一個悲慘事件臨到我們身上時（如志明因故被解雇失業），這段期間卻無人關心」，這樣的一個事件。這時，失業在家為一客觀事實，無人關心也非虛假。但在溝通時若依此解讀，這個世界是冷漠無溫情，或你（志明）做人失敗，這樣就是主觀解讀，它不是真實的。因為以偏概全或以全概偏都是錯誤的。此包括兩種可能情況，說明如下：

(一) 以偏概全的錯誤

以偏概全是人們將某一事件的結果，以某些人物的命名，來稱呼某人。此即以偏概全，以偏頗事件概斷某群體全部。犯了渲染擴大的錯誤，此稱為「月暈效果」（**halo effect**）【14-2】。

例如，前例志明失業在家卻無人慰問的事件，志明據此若斷定全世界都是冷血無情，則是以偏概全，志明便犯了以偏概全的月暈效果錯誤。

再如，志明和交往五年的女朋友春嬌分手，並且春嬌在不久後即另嫁他人，發生此一事情，志明若斷言所有女性都是見異思遷，水性楊花之

流，因而憎惡女性，不願意再接近女性，這時志明便掉進以偏概全的窠臼中。

又如，前例中若志明被學生撞翻書本，學生沒有道歉匆忙趕上課去，若志明認定台北大學的學生教養差，甚至是全台灣大學生都沒有禮貌，那志明就陷入以偏概全的陷阱內。

(二) 以全概偏的錯誤

以全概偏是人們將對某一群體的既定印象，強加在某一事件或個人上。此即以全概偏，是人們因著對某人的固有印象，從而認定該人會以全概偏的處理某件事。犯了死板僵化的錯誤，此稱為「刻版印象」（**stereotype**）【14-3】。

例如，若志明的上司是位黑人，他強行解雇志明。因而志明便認定因為黑人素來粗暴無禮，因此志明才會被主管強行解雇，這時志明便掉進以全概偏的窠臼中。

四、需要重新解讀

事實上，只要我們在溝通時能夠稍停下來重新解讀，每件發生在身邊的所謂「不好事件」，其實都能夠重新被解讀成「美好事件」。這是一段心靈探索，尋找寶貝的生命歷程。筆者鼓勵讀者能在上帝的大愛中，尋找、練習，並發現每個事件背後的「寶貝」。然後將這個寶貝凍結、放大，並貼到你的相機鏡頭當中，這樣你必然能夠享受解讀的美善果實。這當中有兩層意義，說明如下：

(一) 解讀停格

基本上，每個人對同一事件的感受並不相同；或許某甲解讀此為重大事件，但某乙可能解讀成一樁小事件，實無庸驚訝。另外，所有事情皆有正反兩個層面，這有如看見一杯水被打翻，剩下半杯水，這並非件好事。這時，你有權說：

「糟糕！只剩半杯水」，然後大擺苦瓜臉；

相反的，你也可以自己決定轉念說：

「感恩啊！還有半杯水」，然後擺個大笑臉【14-4】。

理由是，沒有人能使你快樂，除非你自己願意。林肯總統說：「你若是下定決心要有多少分的快樂，你就能夠擁有多少分的快樂」，誠哉斯言。

(二) 解讀後續

個人主觀解讀後，自然會帶出後續的思維，和伴隨而來的情緒渲染。情緒渲染再進一步即會牽動後續的行動，並衍生不同的後果。因為此時的解讀可能並非事實，從而怎樣解讀某個事件便非常重要，而此會構成你擁抱未來的重要踏腳石。

例如，志明被解雇，某位朋友未來電關切。若志明解讀成這位朋友不關心此事，結果志明不再和他聯繫，甚至生氣怪罪於他。然而事實真相是，對方私下為志明奔走求援，或為志明祈禱上帝，只是志明並不知道。

因此，在解讀事件時，需要仔細查證，需要諮詢多位人士，以確認事實真相。若未經查證而遽下解讀，便會滋生錯誤，容易產生不必要的誤會，這是個人擁抱未來的試金石。

例如，志明經常會在某些不經意時，心思會飄向莫名的遠方，突然間內心彷彿悲從中來，就開始思想並牽動自己的苦情。志明思想自己以前若干決定做得不夠好，才會造成需要離開已經從事十多年志工服務的場所，也連帶失去許多好朋友，失去財務投資的機會，同時身體也變差。

就在這時候，妻子春嬌看到志明的眼神閃爍不定，不太對勁，便會湊過來對志明說：「停！停！停！停止胡思亂想，要抬頭挺胸看前面，不要頭低低的看地上。」

「要活在當下，now and here，要體會你現在擁有什麼？」春嬌繼續說道，

志明便開始思想，現在的志明，挽著親愛的妻子春嬌，倆人散步在台大校園內。這時候，皎潔明月當空，涼爽清風拂面。加上椰林大道的雄壯氣勢，滿園花香撲鼻的杜鵑花叢，此情此景真令人賞心悅目、心曠神怡，這豈不是人間幸福。

「來！現在開始想你擁有什麼？」春嬌再次說，

「志明擁有美麗溫柔又賢慧的妻子春嬌，兩個就讀台大和政大的男孩子，母親健康且長壽，志明擔任國立大學教授，接掌行政主管職務，身體健康，每天準時睡覺，躺臥床上睡得香甜，又住在大學附近的大樓內，志明擁有上帝和祂最美好的祝福。」

經過這樣的反思，志明的心情好轉起來，也抬頭挺胸，昂首齊步的邁開大步，面帶開心滿足的笑容，緩緩的說：

「志明真的好棒，太厲害了，志明真的、真的、真的很不錯，志明真是一位成功人士，志明實在是太優秀，太棒了！」

就是透過這樣的重新解讀，使得志明的心思意念脫離悲觀、憂愁，轉而來到喜樂和滿足的主旋律上，這就是釐清事件和審慎解讀的妙用。

14.2 事件與價值

我們需要確信某個別事件的發展結果，和我們個人的價值高低沒有關係。

【問得好】你怎樣看待上一次發生在你身上的不好事件？

　　更進一步，我們需要在溝通時，先行確認某個別事件的發展終局，定然和個人價值（**value**）無關。如此便能將我們從某個事件發展中得到釋放。特別是某個事件並沒有美好的結局時，更需要如此的認定。這時，我們若能夠以更高的角度，檢視個別事件，並且以長期的眼光，評斷該項個別事件，此舉必定能夠降低個人的失落感和失望感。最後，我們可以為個別事件立下界限，釐清責任歸屬，埋下希望種子，點燃更新之燈。這當中包括三項意涵，如圖14-2所示，說明於後：

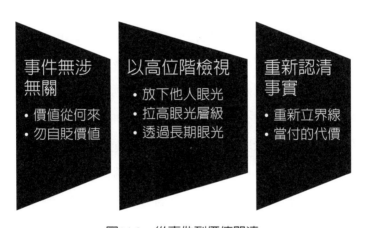

圖14-2　從事件到價值關連

一、事件無涉個人價值

　　對客觀事件做出主觀解讀時，有人會把某個事件發展結局的好壞，和自己生命的價值劃上等號。也就是若事件結果未臻滿意，例如，考試落榜或求職無著時，便斷言自己沒有用，自己無能，因而形成低自尊，離群獨居，甚至促成自殘或自殺等激烈行動。這時包括兩個意涵，說明如下：

(一) 價值從何而來

首先，需要認定一件事實，即你的個人價值係從何而來，是由事件發展的好壞來決定的嗎？還是應該由你的個人自主意識來決定。因為，你的個人是獨特的，是尊貴的，你的價值就是你自己的存在。而不是某些外在事件。況且，若你不判斷並羞辱你自己，則沒有人可以有權利判斷並羞辱你。

基本上，「某事件發展是否成功，和當事人的價值是完全無關的」。因為這就有如將兩件不相干的事情，硬湊在一起的不合情理。例如，志明被女朋友春嬌拒絕，並不等於志明沒有價值；志明求職未被錄取或考試落榜，也並非志明這個人就沒有價值。

這個時候，千萬不要落入**社會判斷理論**（**social judgement theory**）的陷阱中【14-5】，被社會大眾的主流價值牽著走，而以他人的判斷當成自己的判斷，以他人的價值當成自己的價值。例如，志明被女朋友拒絕，雖然旁邊的人都覺得很丟臉，但這不能等同於志明這個人沒有價值。又如，志明求職面試未獲錄取，雖然其他同學都覺得志明很沒用，但也不能貶低志明的個人價值。另春嬌最近研究所考試落榜，雖然爸媽都覺得很沒面子，但也不能說春嬌沒有價值。又春嬌的工作業績差，雖然上司大罵她沒有能力，沒有路用，但這卻和春嬌這個人有沒有用，完全不相關聯。

例如：志明素來害羞內向，在二十八歲時和交往五年多的女朋友分手，後來女方甚至在不久後就結婚嫁人了，新郎卻不是志明。志明深受打擊後，成天胡思亂想，怪罪自己，垂頭喪氣，鬱鬱寡歡，甚至有輕生的意念。幸好志明相信上帝，蒙上帝保守，並沒有發生自殺憾事。後來，志明在教會朋友的協助下，勇敢面對傷痛，先認定這段失戀和志明個人的價值無關，並不是志明不好，志明沒有用，只是雙方彼此間不合適而已。同時

正面哀悼、埋葬、接受這段已經逝去的戀情，認定它無法挽回。後來，志明重新接受相親安排，重新戀愛。一年後志明結婚了。現在，志明成天眉開眼笑，二十六年的婚姻生活幸福美滿。

某事件發展是否成功，和當事人的價值是無關的。

(二) 勿自貶價值

特別是在連續遭遇許多件不如意事件時，當下心中必定會難過，此時確實需照顧自己難過的情緒、受挫的心情即可，切勿在事情不順時自貶價值。然此時只消單純停格在此即可，毋庸解讀論斷、否定自己價值。因為，事件發展的順遂與否固然和個人能力的高下有關，但卻和個人生命的價值無關。茲說明如下：

1. 事件難以掌控

事件發展的方向通常非個人能夠掌控。因為社會的運作實在過於複雜、龐大、混亂，並沒有一定運作模式可供遵循。事情並不一定會朝個人想要的方向發展，況且個人機運不同，加上人生不如意者，十常有八九，何必強求諸事必定順遂呢！

例如，忽然出現另外的工作機會，突然冒出其他追求者，意外出現大筆訂單，突然浮現競爭對手，竟然考試放榜從缺無人錄取，這都是難以掌握的結果。

2. 謀事在人，成事在天

舉凡工作能否平安順遂、主管是否提拔賞識、情人是否感情專一、配偶是否相伴到老、身體是否健康如常等。這些事件的發生，一般並非個人能夠決定，事實上也僅能盡人事而聽天命，並且為此祈禱上帝，交託上帝掌管。即所謂「盡人事，聽天命」、或是「謀事在人，成事在天」。

例如，就算女友真的離去，或是有人橫刀奪愛，這都不代表個人很爛、是遜咖、甚至是無能、不好、不是真男人等。這都是錯誤的自我價值，要堅定拒絕。

例如：志明在二十八歲時，被交往五年多的女友拋棄、擔任約聘工作前途未卜、想要換工作卻被上司勸阻、投考博士公費留學但未獲錄取（經查分雖然在該學門類科分數最高，但卻是從缺不錄取）、志明家中紛擾大哥被父親趕出家門等諸事不順。這使得志明覺得自己沒有用，甚至萌起輕生意念。現在志明回想起來，實在是年幼無知。事實上這些事情的發生，就算是接連爆發，都和志明的個人價值完全無關。說明如下：

首先，志明的女友另有追求者（即同事），甚至另有歸宿，那是她個人的事情，這是她個人的選擇，並不是志明這個人不好，因為這是她的情感價值觀。

再來，約聘工作沒有安定感，一年後也獲得正式職缺的機會，這是公司內部的人事運作，很明顯和志明的個人價值無關。志明不可將這兩件事情混淆在一塊。

三者，上司勸阻志明轉換工作，那時志明的上司可以選擇勸阻或是不勸阻，勸阻的理由可以從合情、合理、合法來說明，這時志明可以選擇聽勸或不聽勸，這基本上是志明個人決策的問題，而不是志明這個人好不好的問題。也就是這個事件的發展與志明的價值無關。

四者，公費留學結果公布從缺未獲錄取，這更是政府部門經費調度運用的選擇，其中可能是某些學門和其他學門互相比較權衡，某些學門被替代掉而已，這是開會後的集體決議，更和志明這個人好不好的個人價值無關。

最後，志明大哥志清和父親的衝撞，這是他們兩個人之間的事，絕

不是志明這個人乖不乖，志明這個人好不好所能改變的，故完全不是志明這個人的價值問題。因此，在重新釐清事件背後的問題後，志明便豁然開朗，笑顏逐開。因為原先心底所掩蓋的事情就都完全顯露出來了。

二、以更高位階檢視

再者，需要以更高的觀點位階來檢視事件的價值，意即在溝通時要跳脫常態性的思維，以更寬廣的心思，更宏觀的角度，重行檢視事件的價值。這其中包括兩個要點，說明如下：

(一) 放下他人眼光

我們個人的價值，無需依據他人反應，隨意由他人斷定。也就是不可將個人的人生命運，交給第三者來決定。因此，個人在努力做完某件事情後，或許周圍的他人並不欣賞，或結果並未達預期。此時個人只要自認已經盡力，就是完成任務，具備個人價值。你只需要客觀的接受此一結果，並且認同這一份不可被奪去的價值【14-6】。例如，完成上司交辦的專案報告、用心結交朋友、努力上課讀書等。即令專案結果未臻理想，上司並不滿意，但只要個人已盡全力，自認為問心無愧，即無需在乎他人的眼光，因為這一個專案的發展結果，並非個人所可以掌握。準此，個人價值的內涵即全然是個人的選擇，此構成個人擁抱明天的基本要件。

(二) 拉高眼光層級

基本上，我們個人的價值，並不是由世界上某個人或某個事件所決定。我們更應該拉高層次，選擇交由上帝的眼光來界定。這是**衝突管理**（**conflict management**）中，「訴諸更高目標」原則的應用【14-7】。即由更上層的角度，誠實的認定個人價值，因為「謀事在人，成事在天」，且「生死有命，富貴在天」。

例如，若春嬌的配偶志明發生感情出軌、小三介入的感情事件，春嬌

需要先有此一認知，亦即這段感情並非是由春嬌所失去，亦非是被春嬌所搞砸，實在是志明有另外的其他原因，可能是志明被情欲迷惑，或是志明另有隱情等。春嬌反而應當將此事交託上帝，理由是這個重擔並非春嬌個人所能夠承擔。

又如，耶穌被人釘十字架，耶穌說：「完成了」，然後斷氣死亡。若從世人的眼光看，耶穌是玩完了，一切都結束了。然由若上帝的眼光看，耶穌是為全人類的罪孽，主動流血受死，且死在十字架上，並且從死裡復活，「完成了」救贖全人類脫離罪惡的大使命。

例如：志明在獲得交通大學博士學位後，留在中華經濟研究院工作兩年，完成志明先前在中華帶職帶薪進修博士學位的承諾。工作滿兩年，志明興起想去大學教書的念頭，也透過學校的指導教授，幫助志明推薦獲得元智大學的教職。但此時，志明在中經院的直屬上司H主任卻兩度勸阻志明離職，H主任說志明你離職是合理且合法，但不合情，能否請為當初愛護你、留任你的長官再多待一年，因為老院長今年已經六十四歲，再一年便會屆齡退休，你志明忍心讓長官心中淌血，來批准你的離職書嗎？這時志明面臨一項抉擇，志明想起聖經中說：要順從肉身的主人（工作主管），好像順服上帝一般。

在經過天人交戰的掙扎後，志明決定順服H主任，好像順服上帝一樣，志明放下他的夢想，等待上帝的時間。很奇妙的，過一個月後，一位美國史丹福研究院的Y教授來訪，志明的H主任便安排Y教授擔任志明論文發表的評論人，在志明發表完論文後，志明的H主任向Y教授探詢志明在史丹福工作的可能性。Y教授笑著說，他正好有個研究計畫想要尋找亞洲地區的博士級研究人員，熟悉亞洲地區事務的人來辦理此事。後來志明便有機會到美國史丹福大學做博士後研究。那一年，因著史丹福Y教授給

的那份薪水，和中經院的留職留薪待遇，志明一家四口得以聯袂赴美，間接使志明的妻子春嬌和兩個小孩，有機會體驗美國語言和文化。

由於這件事，志明學習到要用更高的觀點，來檢視某件特定事件的價值。也就是先前志明答應H主任留在中經院工作，沒有轉到元智大學任教。從世人來看，看似「關閉一扇門」；但若從更高的上帝角度來看，卻是「開啟另外一扇窗」。這使得志明有機會擴展視野，有機會得到美國史丹福Y教授的個別指導，這大大提升志明日後從事學術研究和論文寫作的實力，使志明得以撰寫超過一百篇的國際學術期刊論文。而這一切，更是上帝的巧妙安排，上帝站在更高的位置來安排志明的人生。上帝的作法真是信實，志明只能感謝讚美上帝。

(三) 透過長期眼光

我們要重新思考該事件在長期時間下，真正的價值安在？請安靜思想片刻，此一特定事件，在10年後、10個月後、甚至10週後的影響情形，以界定此事件對你人生發展的重要性【14-8】。理由是在時間的歷史長河下，必然會淡化某個特定事件的影響程度。我們實在需要遵照「10、10、10」的長期思考原則，正確解讀此一特定事件，合宜界定此一事件的價值，這乃是重要的人生智慧【14-9】。

例如，練習這樣的思想：

此次招商失敗，對10年後有何影響。

這次相親不成，對10個月後有何影響。

這次求職無著，對10天後有何影響。

例如：在志明二十八歲那年，交往五年多的女友離志明而去，另嫁他人，當時的志明覺得心如刀割，痛不欲生，但志明後來轉念，面對這個劈

腿事件，思想在十個月後，甚至是十年後對志明的影響，可能只是雲淡風輕，無足輕重，志明便因此能重獲新生。同樣的，志明面對公費留學未獲錄取的事件，志明也需要學習用長時間的眼光來看待它，認定在十年後，這也算不得什麼，那這樣志明便可以坦然面對，而不會鑽牛角尖，困在裡面走不出來，這樣志明的人生才會有希望。

三、重新認清事實

第三，我們需要重新認清事實，看清楚事情的本質，撥開迷霧，清楚思辯。這包括兩個子項目，茲說明如下：

(一) 重新立界線

釜底抽薪之計，我們需要重新立定界線，看清楚此一事件是「自己的事情」，還是「別人的事情」。並且看清楚這個事件，究竟屬於「自己的責任」，抑或是「別人的責任」。同時，界分清楚這個事件，是自己「應該要做」的事情，還是自己「想要去做」的事情【14-10】。

例如，已成年孩子的工作選擇，是「孩子的事情」；而不是「父母的事情」，父母實無庸越權決行；同樣的，孩子的大學入學推甄資料，是「孩子的責任」；而不是「父母的責任」，父母千萬不可越俎代疱。

(二) 當付的代價

基本上，我們需要認清，某個事件發展若要有個「成果」，是應當付出一定的「代價」的。因為一分耕耘，一分收穫，天底下沒有不勞而獲的事情。沒有春耕與夏耘，哪來的秋收和冬藏。更緊要的是，即令先努力付出，最後能否有個成果，也當看四周主觀、客觀的條件是否已臻成熟而定，方稱公允。

例如，志明想要投考公職且要錄取，是需要花費許多心力，努力用功苦讀。此時志明需要選擇當負的代價。志明需要想想哪樣做是較好的方

法，選擇潛心苦讀或赴補習班？選擇獨自讀書或和他人共讀。此時志明不宜有錯誤的期待，若是認定只要努力讀書一定就會考上公職，就會發生錯誤的期待。因為任何考試實在都是「七分靠實力，三分靠運氣」的。

(三) 認定已做最好決定

事實上，對於以前發生的每件事情，我們需要認定每個事件對自己的公平價值，即是讓事件的本身來說話。也就是要先對自己說：「事實上，在當時情況下，斟酌各種條件，自己已經做出最好的決定」。請不要追悔過去，懊悔從前，而是要忘掉昨日，努力當下，對著明日的標竿直奔。藉由此一反思過程【14-11】，必能脫離事件連環爆的重重迷霧，找到公平合理的出路，並且能夠站在上帝面前，將自己推薦給自己的良心，也就是「問心無愧」。

例如，練習這樣的對話：

某次考試落榜，就對自己說：「我已經盡力」。

某次基金投資失利，就對自己說：「我當時業已做出最好決定」。

某次失戀，就對自己說：「我已經努力過了」。

某次求職面試無著，就對自己說：「我已經盡我最大力量」。

例如：從史丹福回國後，再過四年，志明終究還是離開中華經濟研究院，轉到銘傳大學任教。面對這個轉變，有時志明會後悔，認為當時沒有選擇去元智大學，現在只能選擇銘傳大學。志明記得那時教會輔導曾說：「志明，不要向後看，要向前看。事實上就換工作這件事情，志明你在當時已經做出最好的決定。而且上帝也祝福這個決定，不是嗎？」更重要的是，志明對明天懷抱希望，現在的志明如願轉到台北大學任教，並且兼任主管職務，而志明也相信這一切的背後，是因為上帝完全掌管明天。

14.3 事件與信念

抓住生命的纜繩，相信就會有救，這是我們生命的根基，也是我們生之勇
氣的來源。讓我們一起來一窺其堂奧：事件與解讀、事件與價值、事件與
信念的溝通新亮點。

【問得好】你相信這個世界上有上帝，真有公平正義嗎？

　　最後，我們需要檢視個別事件發展和個人信念內容的關聯，來重塑人
生希望。也就是需要建立合宜的正向信念，在溝通時，能引導至面對周遭
個別事件，做出正確解讀，做下正確決定，朝向正面發展，藉以擁抱美好
明天，這當中包括三個層面，如圖14-3所示。茲說明如下：

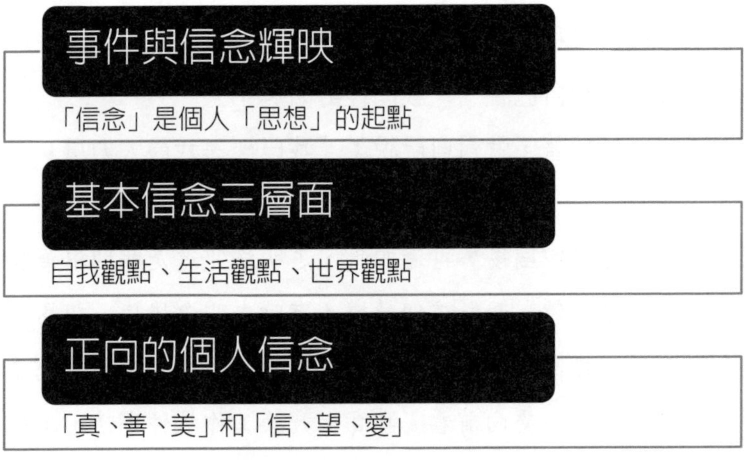

事件與信念輝映
「信念」是個人「思想」的起點

基本信念三層面
自我觀點、生活觀點、世界觀點

正向的個人信念
「真、善、美」和「信、望、愛」

圖14-3　從事件到個人信念

一、事件與個人信念

(一) 信念是思想的起點

　　信念（**belief**）是個人心中真正相信的事情，是個人相信的終極標的，是個人內心要面對的原點，也是個人對生命、生活、生涯成長的最後期許【14-12】。換言之，信念是個人在解讀和處理周遭事件時的問題解決機制。是內心對事件影響的最終裁決根據，信念在個人生活中的核心地位實不言而喻。

　　由認知心理學角度言，「信念」是個人「思想」的起點，藉由「思想」會生發「認知」；「認知」會引導出明確「態度」；「態度」會形成實際的「行動」。因此，如何偵測、瞭解自己信念的內容，乃至於適時適地的改變自己的內在信念，朝向正向積極發展，是現代人必須勇敢面對的課題。

(二) 信念會影響事件的發展

　　面對世事多變的外在環境，個人心中的「正向信念」，便是在溝通時的重要安全閥，藉由個人基本信念，便可反擊對抗錯誤的解讀，這點非常重要，是個人擁有希望的鎖鑰。也就是我們需要根植正向信念，合理解讀周遭發生的「事件」，再採取正面態度來因應，做出正確後續處理，才能導引事件朝向好的發展方向。特別是超過不惑之年的成年人，更是需要擁有正向的信念【14-13】。

　　因為一個事件的後續發展方向，明顯會和個人信念密切攸關。個人信念會導引當事人解讀特定事件的意涵，並釐清事件本身和個人價值的中間差異。從而導引個人做出正確的後續行動。這時，是否擁有正向信念便十分重要。

　　正向信念如，相信邪不勝正，相信人間有愛，相信這是一個機會洋溢的社會，相信上帝是愛，相信天無絕人之路等，這些都是正向信念。

例如，發生女友離開的事件，需要本著正向信念，對自己說：

「我仍然是最棒的，我仍然是最特別的，上帝會為我預備適合我的對象。我需要忘記背後，努力面前的，向著標竿直跑，加油。」

例如：志明考上交通大學博士班後，申請在中華經濟研究院在職留職留薪進修，申請的公文從七月十日到八月中旬，三度被所長退回，理由皆是：「這裡是『經濟』研究院，並不允許留職留薪進修『管理』博士班，」這是合理的。

志明也想接受這個結果，然而志明的直屬主管卻鼓勵志明不要放棄，繼續再申請。這提醒志明觀照自己的信念，志明相信上帝是愛，上帝會照顧志明的生計。因此志明相信上帝開的道路不會只有開一半，因為志明需要金錢來讀書和養家活口。志明便循此滿懷希望的向上帝禱告，志明相信未來必然會更加美好。

後來，在八月二十五日志明生日當天，蔣碩傑院長破例召見志明，並且在簡單對話後，他老人家長考達兩分鐘，然後院長抬起頭來，微笑著對志明說：「我要嘛什麼都不給，要嘛就要給你最好的，我決定了。」

他破例給志明攻讀博士期間留職留全薪，並外加博士後研究留職留薪一年的最佳待遇。這結果使志明欣喜若狂，也學習到從事件和個人信念中，擁抱希望的必要性，並且上帝樂於在這當中促成此一美事，使事件往正向發展，帶給志明超過所求所想的生日禮物，這就是上帝的恩典祝福。

二、個人信念的三個層面

信念是個人基本價值體系的外顯。信念內涵包括三個層面，即自我觀點、生活觀點、世界觀點【14-14】，茲說明如下：

(一) 自我觀點

自我觀點指個人對自己的看法，以及對自我生活方式的期許，包括對自己本身意義的認定。自我形象可說是個人內在意志的外顯，意志決心使個人的生活具有意義，因為個人的內心如何思量，其為人就會這樣。個人需要從自己個性才幹中看見自己的能力，看見自己的獨特，並認同自己的價值。因此，良好的自我形象十分重要，這是自我認同和自我安全感的起點。

例如，練習以下自我觀點的相信：

相信只要活下去，就有希望。

相信生不帶來，死不帶去、有衣有食，就當知足等。

相信擁有信心、盼望、愛心的自我觀點，便能接受上帝所創造的獨特自己。

相信愛裡沒有懼怕，愛既完全，就把懼怕除掉。

相信上帝是力量源頭，不用害怕。

相信生命擁有勇氣、鬥志，積極面對挑戰，開創生涯。

相信若與自己和好，就能擁有喜樂滿足的生命。

(二) 生活觀點

生活觀點是個人對周遭他人的看法，以及對四周他人生活的影響或控制能力。生活觀點可說是個人內在控制的外顯。控制影響使個人有能力尋求生活意義和目標使命。在生活觀點上，我們需要與上帝和好。個人需要從自己生活經歷中看見自己的影響力，看到自己的收獲，並認同自己的生活。因此，良好的生活觀點十分緊要，這是生活經歷和影響他人的起點。

例如，練習以下生活觀點的相信：

相信知足常樂、能忍自安，擁有滿足、感恩的生活。

相信自己能和他人接軌，通往世界。

相信若和周遭他人和平相處，就擁有平安的日子。

相信在信的人，凡事都能，上帝會介入施行公平正義，也相信邪不勝正。

相信若與上帝和好，就能在上帝眼前，享有自由自在的永遠生命等。

(三) 世界觀點

世界觀點是個人對整個世界的看法，以及對對這個世界存在虛實的認知。世界觀點可說是個人內在虛實的外顯。存在虛實使個人想到生命本質時，能夠找到自己活下去的理由。正確世界觀點十分關鍵，這是對世界運作的準確認知。在世界觀點上，我們需要與他人和好。個人需要從自己所處世界中看見自己的定位，看到自己的有限，並認識自己的能耐。因此，良好的世界觀點十分關鍵，這是生命探索和生命意義的起點。

世界上每個人都各有特色和值得欣賞處，各人的容貌、舉止、言談、風格皆是獨特的，各人有其特定的專長和才幹。基於各人都是不同個體，在社會中居不同位置。例如，有人販賣餐點，有人接聽電話，有人擔任秘書，有人駕駛車船，有人審計查帳，有人醫療他人等。是以社會才會進步，個人若看不到自己的位置，是因為對自己的信念，缺少合理、客觀的認知。

例如，練習以下世界觀點的相信：

相信這是充滿機會的社會，不是吃人剝削的社會。

相信世界是和諧、互助、共存、共榮的。

相信一枝草一點露，天無絕人之路。

相信忍耐到底的人，必然得救，明天會更好。

相信上帝是愛、相信人間有愛等。

爲擁有正向個人思想，個人認爲，需要建立如「眞、善、美」和「信、望、愛」的人生信念。

三、正向的個人信念

爲擁有正向個人思想，個人認爲，需要建立如「眞、善、美」和「信、望、愛」的人生信念，即擁有眞誠、善良、美感、信心、盼望、愛心的六個基本信念來進行溝通【14-15】，如圖14-4所示。茲說明如下：

(一) 眞善美群組

1. 眞：眞指眞誠，眞誠是堅守追求眞理的初衷，眞性情的待人接物，相信精誠所至，金石爲開。此時會激發出勇氣，並形塑眞理追求的意志，從而誠實探索、追求眞理。

2. 善：善指善良，善良是相信人心中的善意，並追溯生命的起源，本於對世界的深度洞察，會滋生向上奮鬥的能量，勇敢築夢、築夢踏實，貫徹始終。

3. 美：美指美感，美感是欣賞上帝創造的美善世界，相信一花草一樹木都蘊育生命能量、藝術美感，值得玩味再三。進而生發生不帶來，死不帶去的生命智慧；深信有衣、有食，就當知足。並相信知足常樂，能忍自安，得以涵養生命本源。

(二) 信望愛群組

1. 信：信指信心，信心是即令外界環境變化莫測且異常險惡，仍然相信美好的事情必定成就。深信在信的人，凡事都能，上帝必介入與保守，並施行正義與公平。

2. 望：望指盼望，盼望是無論周遭情況怎樣發展，對於未來演變的答案都是「是的」。此時相信忍耐到底，必然得救。相信一枝草一點露，天無絕人之路，人只要活著就有希望，深信明天必會更好。

3. 愛：愛指愛心，愛心是不論四周他人怎樣冷淡無情，對人性的期待都是愛在人間。這時是相信上帝是愛，在愛裡沒有害怕，愛是永不止息。

固然，在當前後現代社會，四處充斥拒絕上位權柄、拒絕規條原則、甚至拒絕各種準則標準，拆毀參照點和意義指引。使得在理解生命上，不再有原則和立場。在此混亂時空背景下，我們需要一套正向理性的參考模式和思想架構，在上帝眞理的光芒中，引導我們追求快樂、希望和幸福的人生，這是本節的要旨。因爲「上帝愛世人，甚至將他的獨生子賜給他們，叫一切信他的，不致滅亡，反得永生【14-16】」。

【智慧語錄】

人在身處逆境時，適應環境的能力實在驚人。人可以忍受不幸，也可以戰勝不幸，因爲人有著驚人的潛力，只要立志發揮它，就一定能渡過難關。

——卡內基（Dale Carnegie），人際溝通專家，創立卡內基溝通訓練

人生最大的光榮，不在於永不失敗，而在於能夠屢仆屢起。

——拿破崙（Napoleone），軍事家，頒布《拿破崙法典》

【本章註釋】

14-1 有關客觀事件認知與主觀解讀呈現的基本觀念，敬請參閱Robbins, S.P. (2006), Organization Behavior, the eleventh edition, Prentice-Hall, Inc. 以及陳澤義（民104），《幸福學：學幸福》，台北市：五南出版。

14-2 月暈效果（halo effect）又名「光環效應」或「暈輪效應」，意指人們對於他人的認知判斷，係先根據特定的印象，然後再行推論出他種品質的情事，爲一種「以偏概全」的情形。月暈效果係由美國心理學家桑代克（Edward Lee Thorndike）於1920年所提出。

14-3 刻板印象（stereotype）又名印刻作用。意指人們對於某一特定類型的人、事、物，皆會在心中存在某種整體、概括性的觀點，有如刻字模板的烙印在心中。並且刻板印象多半是負面，且是先入爲主的，爲一種「以全概偏」的情形。

14-4 敬請參閱呂美女譯（民100），《腦的白魔術》，茂木健一郎著，台北市：天下文化。

14-5 社會判斷理論（social judgement theory）又名公平理論（equity theory），意指個體會將自己現在的情況，和周遭他人相互比較，藉以判斷自己的情況是否公平。社會判斷理論係由美國心理學家亞當斯（John S. Adams）在1965年所提出。亞當斯進一步指出，人們在進行判斷的同時，若人際界線不清楚，便容易將某一事件的結果，和個人的價值劃上等號。進而將外界事件等同於個人價值，此爲莫大的偏誤，因爲事件應與個人價值無關。詳情敬請參閱趙燦華譯（民94），《關係DNA》（史邁利・蓋瑞著），美國加州：麥種協會出版。

14-6 敬請參閱顧華德譯（民94），《生命造型師》，路卡杜著，台北

市：聖經資源中心出版。

14-7 衝突管理（conflict management）的訴諸更高目標原則，係指建立超然目標。例如雙方若面對共同性的敵人威脅時，宜尋求建立一套更具超然地位的共同目標，以尋找具創意的解決方案，凝聚雙方共識，轉移既有衝突爭執點。詳情敬請參閱Coughlan, A.T., Anderson, E., Stern, L.W. and El-Ansary, A.I. (2001), Marketing Channels, New Jersey: Prentice-Hall. 以及Mohr, J. and Nevin, J.R. (1990), Communication strategies in marketing channels: A theoretical perspective, Journal of Marketing, 54(Oct.), 36-51.

14-8 有關10、10、10原則，詳情敬請參閱姜雪影譯（民98），《10、10、10：改變你生命的決策工具》（蘇西・威爾許著），台北市：天下遠見出版。

14-9 敬請參閱彭明輝著（民101），《生命是長期而持續的累積》，台北市：聯經出版。

14-10 有關劃分「自己的事情」和「別人的事情」；「自己的責任」和「別人的責任」，即指立定人際界線。詳情敬請參閱葛幼君譯（民95），《從NO到GO：界線越清楚，自由越無限》（大衛・麥肯納著），台北市：啓示出版。以及趙燦華譯（民94），《關係DNA》（史邁利・蓋瑞著），美國加州：麥種傳道會出版。

14-11 有關反思（self-reflection）的內容意涵，詳情敬請參閱洪翠薇譯（民98），《大學生了沒：聰明的讀書技巧》（Stella Cottrell著），台北市：寂天文化出版。以及曾子曰：「吾日三省吾身；為人謀而不忠乎？與朋友交而不信乎？傳不習乎？」《論語・學而篇第四卷》的相關文本記載。

14-12 有關生命、生活、生涯的相關信念內容，詳情敬請參閱Allen, J.

(2009), The Wisdom of James Allen, London: LISWEN Publishing. 或魏郁如、王潔、陳佳慧譯（民98），《我的人生思考》（詹姆士‧艾倫著），台北市：立村文化出版。

14-13 敬請參閱楊曼如譯（民91），《人生下半場》，鮑伯‧班福德著，台北市：雅歌出版社。

14-14 敬請參閱吳妍儀譯（民96），《我們為什麼要活著？─尋找生命意義的11堂哲學必修課》，茱莉亞‧貝吉尼著，台北市：麥田出版。

14-15 敬請參閱陳澤義（民103），《生涯規劃》，台北市：五南出版。以及吳蘇心美譯（民92），《得勝生命的基石》，奧夫‧艾克曼著，台北市：天恩出版。

14-16 「上帝愛世人，甚至將他的獨生子賜給他們，叫一切信他的，不致滅亡，反得永生。」原文出自聖經約翰福音，第3章第16節。

【行動作業】

1. 請試著選擇以下的一個特定事件，說明在溝通時你怎樣去解讀這個事件，它怎樣和你的價值觀、人生信念相互連動，再加以重新認定你的新解讀。

   (1)你怎樣解讀「911恐怖攻擊事件」？

   (2)你怎樣解讀「台灣食品大廠混油調油事件」？

   (3)你怎樣解讀「2008年全球金融海嘯風暴」？

   (4)你怎樣解讀「台海兩岸服務貿易協議點燃的太陽花學運事件」？

2. 個人信念練習：

   本作業練習是提出你的個人信念，現在請你先暫時離開人群，找一個安靜的角落，找個地方可以讓你的心思沉靜半個小時，拿起紙筆，將你的人生信念書寫下來。把你的生命基礎，值得為它而活的生命信念寫下來，而非你的理想甚至是夢想，試著重新理清你自己的思緒，讓信念成為你的人生導師，為你擁抱希望做好妥善的準備。

第十五章　溝通達人管理

15.1　溝通建立關係

透過對話溝通的努力，你可以和他人建立關係。你要用心溝通，需要付出關愛與情感。你要建立人脈，同樣需要付出你的愛心、力氣和時間，其中的真心交流更是關鍵的鎖鑰。

【問得好】你要怎樣和你身邊重要的人建立關係？

　　溝通對話是人際關係建立的過程，在溝通過程中，發訊者和收訊者會發展出特定的對話關係，這樣一來，發訊者便藉由此一特定管道，對收訊者建立友誼關係。例如，A和B兩個人皆種植花卉，A規規矩矩按著種花手冊種植玫瑰，種植後除按時澆水和除草外，平常皆不理采，結果花卉長的無精打采，一副垂頭喪氣姿態。至於B也照規矩種植玫瑰，按時澆水和除草，平日更經常向花卉溝通對話，傳達出對花卉的關愛，結果是玫瑰花枝招展，爭奇鬥豔，美不勝收。B做出溝通對話，給予培育的養分，並且是愛心培育，此時的B即可稱為溝通達人。

　　基本上，溝通達人知道溝通對話的目的，在於瞭解他人、幫助他人，而非建立共識。溝通的重點是引導他人朝正面方向成長。亦即要溝通對話，需付出愛心、力氣和時間，其中愛心是關鍵。若是溝通達人要和他人溝通對話，即會先行接納（accept）、認同（approve）、認可（appreciate）、讚賞（adore）對方，獲得對方信任，願意接受溝通對話的善意。然後才能進行行為訴求（appealing）和調整要求（adjust），這是麥道衛（McDowell）針對優質溝通所提出的「6A的力量」【15-1】。即先有四個善意舉動，才能接續兩個改變企圖。用一句話說，就是要改變對方以前，需要先讚美對方三個優點，然後才能指出一個需要改善的地方，這是溝通達人管理的黃金準則。

溝通對話的基本目的，在於瞭解他人、幫助他人，而非為著建立共識。

一、溝通達人管理的四個善意

　　以下說明溝通達人管理的四個善意，四個正向舉動，即接納、認同、認可與讚賞【15-2】（圖15-1）：

圖15-1　溝通達人的四個善意

(一) 接納

接納（**accept**）就是尊重所要溝通對話對象的全部本相。不管是正面特質或是負面特質，都需要完全接受。例如，對方才華出眾，但卻優柔寡斷；或者對方辯才無礙，但卻脾氣暴躁。要尊重對方的整個人格特質，因為他是上帝奇妙的創造。尊重對方的全人，就是尊重上帝的創造。也只有尊重對方的全部特質，才能給對方安全感，給對方釋放感。

例如，北宋期間公孫策原是一位落魄秀才，雖滿腹經綸，學問淵博，但卻屢試不第名落孫山，遂淪落借住在大相國寺。幸得開封府包拯（包青天）伯樂識馬，完全接納公孫策的落魄窘境，並不輕視。反而委以重任，成為包拯身旁的核心智囊，更是不可或缺的左右手。每當包拯偵辦重大案件時，公孫策經常假扮成郎中身分出訪，明查暗訪提供多項破案線索，為包拯立下許多汗馬功勞。

(二) 認同

認同（**approve**）是允許對方在溝通時充分表達意見，給對方說話的自由空間，從心底給對方說話的自由。認同是一股很奇妙的力量，會讓對方感到平安和善意，帶出信任和安全感，是一種能自由自在表現的情愫。當對方感受到被支持和被認同的時候，他就能夠放鬆自己，放下防衛心

態,也就開始信任四周的個人和環境。所以,認同可說是信任的開端。

　　例如,奇美實業許文龍董事長認同員工,十分鼓勵員工表達意見,經常可以看到部屬搶在主管的面前發言。奇美的階級意識十分淡薄,而為著奇美實業的利益,每一位員工都可以提出自己的看法、意見,即使說錯了也不會被處罰。若是發生衝突,許文龍就會和對方直接溝通、交換意見,進行多次多方的協商,直到解決問題,各方皆獲滿意為止。這種完全尊重人性的認同做法,使得奇美實業的員工流動率幾乎為零,這正是許文龍董事長令人稱道的地方。在許文龍退休後,2010年奇美實業併入群創光電,然此一美好傳統依然繼續流傳著。

(三) 認可

　　認可（**appreciate**）就是在溝通時,對於對方的出席、衣著、能力或人格特質,表達內心的感激,並給予增值的回饋,也就是稱許並且欣賞對方。基於個人內心最大的渴望,就是被他人瞭解和被他人欣賞。我們若是具備欣賞他人的內心,不虛假、不做作,能發自心底、真情真意的給出由衷的認可,必能散發生命氣息,使對方因被瞭解而獲得心靈的能量,從而認定自己是值得此一認可,因而增強自信,為後續的溝通對話鋪平道路。羅曼‧羅蘭說:「每個人都有他的隱藏的精華,和他人的精華迥然不同,它使個人具有自己的氣味。」因此我們需要用心的認可對方。

　　例如,春秋時期鮑叔牙認可管仲的才華,並且積極尊重並欣賞管仲,給管仲高度被瞭解賞賜的支持感。面對此一知遇之恩,管仲遂說:「生我者父母也,知我者鮑叔牙也。」

(四) 讚賞

　　讚賞（**adore**）是在溝通時,經由各種口頭或文字的形式,對於對方的行為或努力,給予物質或精神上的獎勵,以期許對方繼續維持此一良好表現。因為一段有效的溝通對話,經常需要藉由讚賞來擴大成效,使對方

獲得心靈鼓舞，從而說服自己配得此一稱讚，期望得以滿足，溝通對話效益自然得以彰顯。

　　例如，曹操用人唯才，擅長讚賞人，能慧眼識英雄。如曹操親解許褚綁繩，急取衣蓋之。曹操禮遇許褚，使許褚感懷在心，招引數百族人來歸降。曹操更讚賞張繡，在其歸降之際，曹操愛才而容納之，此成就曹魏王朝之強盛。曹操亦厚待關羽，三天一小宴，五天一大宴的款待，結果關羽只能過五關斬六將，投奔劉備。曹操又賞識趙雲能深入敵陣，令人不許殺害，因而成就長板坡前的大英雄。

　　總言之，溝通達人管理就是找到特定對象，表達善意，竭盡所能認識對方，進而經歷幫助的撒種和收成的喜悅。在溝通對話的撒種上，做到完全接納、認同相信、無條件認可、讚賞對方、提升他的幫助過程；在溝通對話的收成上，便可收到自我價值的提升、歸屬感和重要感的實現、看見希望和未來，而有勞力農夫歡慶豐收的喜樂。

二、建立人脈關係

　　管理的核心理念是藉由他人完成事務。管理者若想要完成各種事務，需要藉助眾人的力量，理由是獨木無法撐住大廈，難成大事；管理者若想要推動他人，需建立穩固團隊，透過溝通連結他人，發揮管理能力。因此，建立人脈實為溝通達人的首要任務，有關建立人脈的重點有二，說明如下：

(一) 人脈即是人我關係

　　溝通對話更是關係建立的歷程，在此時，先釐清「人脈」一詞。所謂人脈即是「人際關係」，是當事人和他人所有互動結果的統稱，因此人際關係即是人與人之間的溝通對話成果。人際關係事實上就是「人我關係」的代名詞，是人與人之間的互動關係，目的在滿足人類各種需要而建立的物質或情感支配關係。

　　至於如何檢視人脈建立程度，可用**關係品質**（**relationship quality**）為之。關係品質是人與人之間關係好壞高低的水平【15-3】。當與他人關係品質優良時，代表雙方中間洋溢滿意和信任，溝通對話快樂滿足；若是關係品質低劣時，代表雙方中間充斥不滿意和不信任，溝通對話痛苦不堪。關係是一面鏡子，它照射出個人與他人之間溝通對話的品質內涵。

　　例如，劉備起兵加入鎮壓黃巾賊，多次戰功被朝廷升任平原相，此時得力助手關羽和張飛則被任令別部司馬，分別統領兵馬。而劉備和關羽、張飛寢則同床，情同手足，關羽和張飛則是竟日侍立在劉備左右，護衛劉備，彼此的關係品質甚佳，以上兩人即為劉備的基本人脈。

(二) 願意負起責任

　　一個願意負起責任的人，是個經常檢視自己意念的人，會對上帝、也會對自己的良心負起責任。他會用心思想，對自己說：「願我口中的言語、心裏的意念，在上帝面前蒙祂悅納【15-4】。」因此，他會檢視他所做某件事情的動機和意念，澄清他建立特定關係的初衷，如此便能釐清他行動的真正動機。換言之，他會認定，他會做的事情就是：先平靜自己的心思，讓自己的心安靜，等待上帝的光，照出暗中的隱情，顯明心中的意念【15-5】，這樣一來，便可以在上帝的光照引導下，澄清自己的意念，並且能在上帝的光中行走。

　　最後，一個願意負起責任的人，必然是一位能夠放心的人，他深信：謀事在人，成事在天。故會認定：「我深信那在你們心底動了善工的，必成全這工作，直到上帝的日子。我為你們心存這樣的意念，原是應當的【15-6】。」因為他深深相信：我們立志行事，都是上帝在我們心底運行，為要成就上帝的美好心意【15-7】。這就是將事情發展結局的主權，完全交託上帝，讓上帝全盤做主，這樣必能以一顆「無慾則剛」的心，散發獨特影響力，通往世界，改變世界。

15.2 忠誠守護關係

要維持並守護關係，除了對話溝通之外，更需要雙方的信任與承諾。你要能夠信任並給出承諾，需要忠心與誠實，需要盡力付出與真誠守信，這是建立長期關係的核心元素。

【問得好】你要怎樣和你身邊重要的人持守關係？

　　溝通達人更需要能長期守護關係，除了持續對話溝通外，更有賴持續建立相互信任和關係承諾。說明如下：

一、相互信任

　　對於關係夥伴而言，相互信任（**mutual trust**）是彼此皆信賴對方的某種意願。信任代表可預期對方行為，也就是降低行為的不確定性。同時信任是個人相信對方會採取對自己有利的行動。例如，學生在學校時，信任教師的授課行為【15-8】。

　　信任是一方相信對方的可靠性和誠實性。信任是一方對於對方所提供的服務，對其品質和可靠程度具有信心。信任也是一方相信其需求，在未來會被對方的行為所滿足。例如，顧客相信服務人員，會為顧客提供良好的服務。

　　在行為上，信任代表一方相信，且主觀上有意願倚賴對方，相信對方會實行諾言和履行義務。至於最高級的信任，則是一方不論是否能夠監控對方，都願意向對方展示自己的弱點，並且相信對方不會刻意加害它。例如，丈夫信任妻子、小妹相信大哥、病人相信醫師、顧客信任美容美髮師等。

二、關係承諾

關係承諾（**relationship commitment**）是一方與對方之間，建立長期關係且相互依賴的最高境界。

關係承諾是一方與對方之間，建立長期關係且相互依賴的最高境界。

關係承諾是一方對於對方的一種心理愛慕、認同感、忠誠、關心福祉，乃至於以持守關係為榮的情愫。此時，關係承諾是雙方願意繼續投入資源、時間和心力，試圖維持關係。因此關係承諾是一種拒絕改變關係現狀的態度，並期待穩固關係的表現。準此，關係承諾是長期關係導向的產物。關係承諾是指雙方發展穩定關係的期望，雙方願意以短暫犧牲，換取關係維持和關係穩定。

關係承諾是一種持續意願，努力維持彼此間有價值的關係。係因為雙方皆對未來的願景，具有同心行動的企圖，而願意以積極互動方式來呈現。歐斯汀（Osteen）指出，關係承諾是雙方間，相信和對方繼續維持關係是十分重要的，並且相信長期維持雙方關係是具有高價值的，進而願意付上代價努力維持【15-9】。例如，準備結婚的準新人、好朋友間的公開宣示，以及服務員工對企業本身，所做出的關係承諾。

關係承諾亦經常以某種明顯或暗示的物品或契約，來對於彼此的關係做為證明。例如，婚姻婚約、定情信物、兄弟刺青、企業間策略聯盟合約、員工工作合約等，不一而足。

三、忠誠的角色

要維持並持守關係，需要在溝通時，堅守彼此的信任與承諾，而構成信任與承諾的核心元素，則是**忠誠**（**loyalty**）。忠誠二字即是「忠心」與「誠實」的簡稱（圖15-2），茲說明如下：

圖15-2　忠誠的意涵

(一) 忠心

　　盡己之謂忠。忠心意指一方為對方能忠於所託，盡心付出時間、金錢與心力。在長期下，忠心的人必得賞賜，誠所謂：「不經一番寒徹骨，焉得梅花撲鼻香【15-10】。」精誠所至，必金石為開。

(二) 誠實

　　真心真意之謂誠。故誠字意指誠實無妄，忠實不欺暗室。誠實是透過正確說明過去的事情，來博得別人的信任。誠實是黑白分明的。誠實更是選擇不說謊言、不偷竊物品、不造假作弊，不以任何形式欺騙他人。

　　因此，唯有忠心與誠實，才是維繫、持守雙方關係的基石。而當溝通達人在個人生活領域決定忠心與誠實時，就是立志選擇做人正直（integrity），做真正的自己，而不是虛假的自己，不再是為名利出賣自己的靈魂，因此就會更加尊敬自己。

　　簡單的說，溝通達人要求忠心與誠實，就是做個有責任感的好人，也就是做個好管理者，這是心靈健康的基本要素。換句話說，做為一個人，或一位企業經理人，我們需要先做一個好人。不管世界怎樣變化，轉變怎樣快速，做個忠心誠實的好人，做個負責任的管理者，這是人生中最簡單的真理，也是最寶貴的一項真理。古老傳統的忠心、良善、誠實、正直，正是通往幸福、快樂、美滿和健康的最短路線【15-11】。

四、不忠誠的代價

謹請切記：「要說實話」，這是行事爲人的基本準則，也是建立長期人際關係的不二盤石。

以下說明不忠誠的代價。當不忠誠之時，通常是爲遮掩某件事，因此需編出「另外」一件不誠實的事，以隱瞞事實眞相，結果便會形成：「不誠實的惡性循環」。最後則是不誠實的行爲成爲常態，成爲一種習慣，一種最壞的習慣。結果是在不誠實之時，這個不誠實的習慣會使此人成爲僞君子，成爲說謊專家，完全扭曲自己。更壞的是，這樣的情形必須一直演下去，直到東窗事發，被他人發現的那日爲止。

當不誠實溝通之時，會破壞雙方之間的人際關係，因爲人際關係中最基本的信任基礎已經被破壞。因此，當某一方對另一方說謊，自然會使得對方不容易再度信任己方，而缺乏信任的人際關係則是無法形成穩定關係，特別是在重要的工作夥伴關係和親密的夫妻關係中，更是如此【15-12】。

此外，不誠實溝通會攻擊心臟和神經系統，因爲一個人當想要「圓謊」時，說謊者的心臟和神經系統，事實上是已經落在高度張力的壓力鍋當中，此點則是警察測謊器發揮功效的醫學根據。因此，當說謊不誠實時，就是在威脅自己的生命中樞，後果是十分嚴重的。

最後，當說謊時，說謊者的心中必定會產生高度的不平安感，這是造物主上帝放在人類心中的良心機關【15-13】。此時，說謊者若是想要將說謊所獲得的不義之財，捐贈出來行善事，當做功德金，期望能夠「消罪孽、增福慧」。但是，這是沒有用處的，這是因爲搞錯問題的方向。理由是造成說謊者心中不平安的原因，是因爲說謊和不誠實，以及連帶的犯罪行動。這個問題的來源是說謊的罪惡，故需要的處方應該是：「認錯悔改」，而不是捐善款、行善事、積功德、消罪孽。

　　因為，古有名訓：「人非聖賢，孰能無過，『知錯能改，善莫大焉』
【15-14】。」聖經中也說：「我們若認自己的罪，上帝是信實的，是公
義的，必要赦免我們的罪，洗淨我們的不義【15-15】。」佛教也說：
「放下屠刀，立地成佛。」因此，我們需要問對問題，才能做對的事，
產生對的解決方案。也只有認錯悔改，才是正辦，也會使你獲得真正的解
放。

【智慧語錄】

　　世界上最寬闊的東西是海洋，比海洋更寬闊的是天空，比天空更寬闊
的是人的心靈。

　　　　——雨果（Victor Hugo），詩人，《鐘樓怪人》與《孤雛淚》作者

　　最要緊的是，要真誠地對待你自己，而且要繼續下去，夜晚和白天，
你不能對任何人虛假。

　　　　　　　　——莎士比亞，（William Shakespeare），文學家，

　　　　　　　　　　《奧賽羅》、《哈姆雷特》、《李爾王》作者

【本章註釋】

15-1 接納（Acceptance）、認同（Approval）、認可（Appreciation）、讚賞（Adoration）、訴求（Appealing）、調整（Adjust），即6A的力量，出自戴伊‧麥道衛。敬請參閱王培潔譯（民99），《6A的力量》，戴伊‧麥道衛著，台北市：綠洲出版。敬請參閱陳澤義（民101），《影響力是通往世界的窗戶》，臺北市：聯經出版。

15-2 接納、認同、認可與讚賞，為培育他人的四個方式，出自約翰‧麥斯威爾，出自Maxwell, J.C. (2003), Becoming a Person of Influence: How to Positively Impact the Lives of Others, CA: Storagehouse of the Word International.

15-3 關係品質（relationship quality），出自Crosby, L.A., K.R. Evans and D. Cowles (1990) "Relationship Quality in Services Selling: An Interpersonal Influence Perspective," Journal of Marketing, 54(3): 68-81.

15-4 「耶和華我的磐石，我的救贖主啊，願我口中的言語、心裏的意念，在你面前蒙悅納」，原文出自聖經詩篇第19篇第14節。

15-5 「只等主來，他要照出暗中的隱情，顯明人心的意念」，原文出自聖經哥林多前書第4章第5節。

15-6 「我深信那在你們心裏動了善工的，必成全這工，直到耶穌基督的日子。我為你們眾人有這樣的意念，原是應當的」，原文出自聖經腓立比書第1章第6-7節。

15-7 「因為你們立志行事都是神在你們心裏運行，為要成就他的美意」，原文出自聖經腓立比書第2章第13節。

15-8 敬請參閱游梓翔、溫偉群、劉文英譯（民101），《人際關係與溝通技巧》（二版）（朱莉‧伍德著），臺北市：雙葉書廊。

15-9 敬請參閱林素盡、程珮然譯（民94），《活出美好》，約爾‧歐斯

汀著，台北市：保羅文化出版。

15-10 「不經一番寒徹骨，焉得梅花撲鼻香」一詞出自唐朝黃檗希運的
《宛陵錄》。意謂著凡事都必須要經過一番艱苦磨練，才能夠有所
領悟而得到幸運。

15-11 敬請參閱陳澤義（民100），《美好人生是管理出來的》，臺北
市：聯經出版。

15-12 敬請參閱廖月娟譯（民101），《你要如何衡量你的人生》，克里
斯汀生、歐沃斯、狄倫著，台北市：天下文化出版。

15-13 當然，本書中會接觸到「天」或「神」的概念，在這裡，基督教或
天主教意指上帝，回教意指阿拉，佛教意指佛或菩薩，道教意指
神明或玉皇大帝，非任何特屬宗教或New Age思潮等則以上天稱之
等，由於眾說紛紜，莫衷一是，本書作者全然接納各家宗教的論
點，然為簡化且易於說明起見，在本書的敘述中，皆以「上帝」一
辭概括承受與替代之。因為全球中基督教或天主教的信仰人口最
多，以及作者個人的宗教信仰所致。在此作者尊重宗教多元價值，
並無獨尊基督教或排斥其他宗教的意思，其他宗教信仰讀者敬請自
行將上帝替換成為其他相關神祇的名稱來閱讀相關文句即可，作者
在此聲明。

15-14 「知錯能改，善莫大焉」，出自春秋《左傳・宣公二年》。齊靈公
濫殺廚師（因烹煮熊掌未煮熟），後來臣子士季進諫，齊靈公悔
悟，士季遂語出此言。

15-15 「我們若認自己的罪，上帝是信實的，是公義的，必要赦免我們的
罪，洗淨我們的不義」，語出聖經約翰壹書第1章第9節。這是因為
耶穌已經為全世界人類的罪，被釘死在十字架上，三天後從死裡復
活，在地上四十天顯現，以大能顯明是上帝的兒子。故耶穌所流出
的血，能赦免世人的罪。

【行動作業】

請說明「你在親人面前的溝通能力如何？」量一量你對話溝通的績效程度。請以1至10分來表示，分數越高表示你的對話溝通越好。並請繼續說明你是怎樣辦到的，你的對話溝通對親人生活和學習的實質影響力有哪些？請說明。

參考文獻

王俞惠譯（民101），《自信思考術》，泉忠司著，台北市：大牌出版。

王傳友著（民94），《創新思維與創新技法》，上海市：人民交通出版。

王培潔譯（民99），《6A的力量》，麥道衛、戴伊著，台北市：綠洲出版。

尤傳莉譯（民101），《獲利世代》，奧斯瓦爾德、比紐赫著，台北市：早安財經文化。

白崇亮著（民102），《勇於眞實》，台北市：天下文化出版。

呂美女譯（民100），《腦的白魔術》，茂木健一郎著，台北市：天下文化。

吳信如譯（民97），《領導就是喚醒生命》，古倫神父著，台北市：南與北文化。

吳妍儀譯（民96），《我們爲什麼要活著？──尋找生命意義的11堂哲學必修課》，茱莉亞‧貝吉尼著，台北市：麥田出版。

吳蘇心美譯（民92），《得勝生命的基石》，奧夫‧艾克曼著，台北市：天恩出版。

吳維傑著（民100），《你可以進行內在醫治》，台北市：多加幸福婚姻促進協會出版。

李家同著（民84），《讓高牆倒下吧》，台北市：聯經出版。

阮胤華譯（民98），《愛的語言──非暴力溝通》，馬歇爾‧盧森堡著，台北市：光啓文化出版。

林瑜琳著（民100），《從聖經中尋見自我》，台北市：福音證主協會。

林素畫、程珮然譯（民94），《活出美好》，約爾‧歐斯汀著，台北市：

保羅文化出版。

林育珊譯（民97），《築人生的願景：成功的生涯規劃》，史特拉・寇提
　　列著，台北市：寂天文化。

林詠純譯（民103），《商場上最重要的提問力》（松田充弘著），台北
　　市：究竟出版。

邱美華、陳愛娟、杜惠英著（民100），《生涯與職能發展學習手冊》，
　　台北市：麗文文化出版。

洪蘭譯（民102），《眞實的快樂》（馬汀・賽利格曼著），台北市：遠
　　流出版。

洪蘭譯（民102），《練習樂觀，樂觀學習》（馬汀・賽利格曼著），台
　　北市：遠流出版。

施以諾著（民92），《態度決定了你的高度》，台北市：橄欖文化出版。

施以諾著（民99），《信心，是一把梯子：72個向上提升的祝福與盼
　　望》，台北市：主流出版。

施達雄著（民86），《實用講道法》，臺北市：中國主日學協會出版。

屈貝琴譯（民98），《面對心中的巨人》，路卡杜著，台北市：校園書房
　　出版。

柳珍姬譯（民95），《第四度空間的靈性》，趙鏞基著，台北市：以斯拉
　　出版。

姜雪影譯（民98），《10、10、10：改變你生命的決策工具》，蘇西・威
　　爾許著，台北市：天下遠見出版。

姜雪影譯（民101），《先問，爲什麼：啓動你的感召領導力》，賽門・
　　西奈克著，台北市：天下雜誌出版。

洪翠薇譯（民98），《大學生了沒：聰明的讀書技巧》，史特拉・寇提列
　　著，台北市：寂天文化。

高偉雄著（民97），《有傷害，沒傷痕》，台北市：橄欖文化出版。

殷文譯（民94），《第八個習慣》，史蒂芬·柯維著，台北市：天下文化出版。

張智淵譯（民103），《一句入魂的傳達力》（佐佐木圭一著），臺北市：大是文化出版。

張篤群、江麗美譯（民87），《耶穌談生活──熱情與喜樂的處世哲學》，羅莉·瓊斯著，台北市：智庫文化出版。

徐成德譯（民100），《復活的力量》，羅雲·威廉斯著，台北市：校園書房出。

徐仕美、鄭煥昇譯（民103），《最打動人心的溝通課》（艾德·夏恩著），台北市：天下文化出版。

郭亞維著（民99），《哈佛校訓給大學生的24個啓示》，台北市：文經閣出版。

陳皎眉著（民102）。《人際關係與人際溝通》（二版）。臺北市：雙葉書廊。

陳淑婷譯（民103），《對話力：化衝突爲合作的神奇力量》（二版）（丹尼爾·楊格洛維奇著），臺北市：朝邦文教基金會出版。

陳澤義著（民100），《美好人生是管理出來的》，台北市：聯經出版。另簡體字版，民103，深圳市：海天出版。

陳澤義著（民101），《影響力是通往世界的窗戶》，台北市：聯經出版。另簡體字版，民103，深圳市：海天出版。

陳澤義著（民103），《管理與生活》，台北市：五南出版。

陳澤義著（民103），《生涯規劃》，台北市：五南出版。

陳澤義著（民104），《幸福學：學幸福》，台北市：五南出版。

陳澤義著（民104），《服務管理》（五版），台北市：華泰文化出版。

陳澤義著（民104），《管理學》，台北市：普林斯頓國際出版。

彭明輝著（民101），《生命是長期而持續的累積》，台北市：聯經出版。

游梓翔、溫偉群、劉文英譯（民101），《人際關係與溝通技巧》（二版）（朱莉‧伍德著），臺北市：雙葉書廊。

楊曼如譯（民91），《人生下半場》，鮑伯‧班福德著，台北市：雅歌出版社。

楊春曉譯（民99），《情商：它為什麼比智商更重要》（丹尼爾‧高曼著），北京市：中信出版。

葛幼君譯（民95），《從NO到GO：界限越清楚，自由越無限》，大衛‧麥肯納著，台北市：啓示出版。

馮克芸譯（民98），《會問問題，才會帶人》，查理斯‧克拉克著，台北市：大塊文化。

曹明星譯（民99），《黃金階梯：人生最重要的二十件事》（三版），伍爾本著，台北市：宇宙光出版。

廖月娟譯（民101），《你要如何衡量你的人生》，克里斯汀生、歐沃斯、狄倫著，台北市：天下文化出版。

趙燦華譯（民94），《關係DNA》，史邁利‧蓋瑞著，美國加州：美國麥種傳道會出版。

蔡岱安譯（民90），《過猶不及》，亨利‧克勞地、約翰‧湯憲得著，美國加州：臺福傳播中心出版。

劉玉潔譯（民84），《祝福——和諧人生的秘訣》，史摩利‧特倫德著，台北市：校園書房出版。

劉偉澍、許成之著（民104），《核心職能——管理技能實務》，台北市：東華書局出版。

魏郁如、王潔、陳佳慧譯（民98），《我的人生思考》，詹姆士・艾倫著，台北市：立村文化出版。

鄭玉英、范瑞薇譯（民98），《辛克深度靈修之路》，約格・辛克著，台北市：南與北文化。

鄭淑芬譯（民99），《批判式思考：跳脫慣性的思考模式》，史特拉・寇提列著，台北市：寂天文化。

鄭嘉斌譯（民100），《這樣說話，你我都是大贏家》，馬歇爾・盧森堡著，台北市：光啓文化出版。

謝明憲譯（民102），《創造生命的奇蹟》（露易絲・賀著），台北市：方智出版。

謝敏怡譯（民103），《10分鐘引發共鳴的簡報術》（福島正伸著），臺北市：方智出版。

謝綺蓉譯（民90），《80-20法則：快樂、成功和進步的秘訣》，理查・高柯著，香港：中華書局。

簡宛譯（民75），《愛、生活與學習》（巴士卡力著），洪建全文化基金會出版。

顧華德譯（民94），《生命造型師》，路卡杜著，台北市：聖經資源中心出版。

關秀娟著（民103），《懂得活：給都市人的快樂良方》，香港市：經濟日報出版。

蕭美惠、林家誼譯（民101），《改變一生的人際溝通法則》，卡內基訓練機構，台北市：商周出版。

國家圖書館出版品預行編目資料

溝通管理／陳澤義著. — 初版. — 臺北
市：五南, 2015.12
　　面；　公分.
ISBN 978-957-11-8415-9（平裝）

1.人際傳播　2.溝通技巧

177.1　　　　　　　　　　104025164

1FTZ

溝通管理

作　　　者 — 陳澤義(246.7)

發 行 人 — 楊榮川

總 編 輯 — 王翠華

主　　　編 — 王俐文

責任編輯 — 金明芬

封面設計 — 曾黑爾

出 版 者 — 五南圖書出版股份有限公司

地　　　址：106台北市大安區和平東路二段339號4樓

電　　　話：(02)2705-5066　　傳　　　真：(02)2706-6100

網　　　址：http://www.wunan.com.tw

電子郵件：wunan@wunan.com.tw

劃撥帳號：01068953

戶　　　名：五南圖書出版股份有限公司

法律顧問　林勝安律師事務所　林勝安律師

出版日期　2015年12月初版一刷

定　　　價　新臺幣420元